La souffrance suicidaire

DU MÊME AUTEUR

Aux Éditions Desclée de Brouwer :

L'Expérience dépressive.
Paroles de la nuit lente.
L'Existence amoureuse.

Aux Éditions Albin Michel :

Une vérité singulière.
Sept lettres contre la mort.

Aux Éditions Calligramme :

L'Exploration par l'Écriture. Entretiens avec Charles Juliet.

Yves Prigent

La souffrance suicidaire

Essai sur le mal insupportable

DESCLÉE DE BROUWER

76 *bis*, rue des Saints-Pères, 75007 Paris
ISBN: 978-222-0-03565-9
ISSN : 1159-8166

A tous ceux qui, dans la vie ou dans les livres, sans le savoir ou le sachant, ont apporté de l'eau à mon moulin, m'ont donné du grain à moudre et m'ont confié leur pain à cuire...

PRÉAMBULE : CHAQUE MATIN À L'HÔPITAL...

Chaque matin, presque chaque matin, depuis tant d'années, j'arrive à l'hôpital pour accomplir mon métier de psychiatre. Et chaque matin, presque, les collègues des services de médecine, de chirurgie, ou de réanimation, me demandent de rencontrer celles ou ceux qui ont attenté à leur vie par le poison, la corde, le couteau, et, si souvent, les médicaments à doses massives.

Alors, dans leur chambre ou de préférence dans mon cabinet de consultations de l'hôpital, s'instaure entre eux et moi une rencontre bien particulière où la mort est d'emblée présente, invitée de plein droit. Il faut bien du temps pour que dans une relation ordinaire, amicale par exemple, le thème de la mort soit évoqué, souvent ne l'est-elle jamais ; ici elle est inaugurale. « Au commencement était la mort », nous a appris la psychanalyse.

Dans ces rencontres du matin, après une nuit qui fut de souffrance, d'angoisse, de remords, de regret, parfois de projet, mais le plus souvent de coma opaque, c'est la mort qui invite ; c'est en son nom que nous sommes là, le patient et le médecin. En hôtesse discrète, elle se met rarement au premier plan et c'est souvent tardivement qu'elle se nomme. Parfois on ne la désigne même pas, c'est inutile, c'est elle qui nous a réunis.

Bien sûr les chemins qui ont conduit cet homme, cette femme, à ce geste sont aussi multiples que les figures de l'esprit, les destins, les subjectivités, les dispositions morbides, les événements extérieurs et il serait vain de tenter de les réduire en quelques traits. Et pourtant comment évoquer ces rencontres matinales sans en rendre la densité concrète par quelques exemples.

Il y a ceux, celles plus souvent, que la vie a giflés et qui ont tenté de lui tourner le dos. C'est le monde du chagrin sans merci, de l'humiliation sans voile et de la brutale catastrophe. Cette femme vient d'apprendre que son mari l'a quittée, que son enfant s'est dévoyé. Elle a maintenant « tout compris », dit-elle, immobile dans sa douleur et cette compréhension ravageuse. Immobile ou tremblante, les yeux souvent fixés sur un au-delà qui n'a pas voulu d'elle, évitant de regarder ce monde qui s'obstine à être là. Elle reçoit avec réticence le modeste ambassadeur de la vie réelle que je m'efforce d'être alors. Elle me renvoie avec rage ou lassitude le lourd paquet rigoureusement ficelé de son ou de ses malheurs. « Ce n'est pas vous qui me rendrez mon mari, mon emploi, mon enfant. Ces paroles, cette aide, ces soins ne changeront rien à ce qui est. » Parfois le poids des mots, des chagrins, des humiliations est tel et les forces tellement absentes que rien n'est exprimé, sinon une attitude et un regard où se lit l'absence.

Il est trop tôt de dire ici comment la parole dans son patient dévidement, les soins dans leur tâche progressive de restauration des équilibres biologiques, viendront mettre à jour un autre chemin jusqu'alors ignoré, un mode nouveau de saisie du « paquet », une manière de couper les ficelles qui le rendaient si compact et donc si pesant.

Tous ceux que je rencontre ainsi le matin à l'hôpital n'ont pas une charge de peine, un lot de soucis à me présenter. Certains n'énoncent pas le chagrin et la souffrance en leur donnant un nom, les tenant en cela à distance et limitant leur emprise. Ils *n'ont pas* un chagrin, une souffrance, ils *sont leur souffrance*. Parfois ils ne sont que cela. Ils ne la désignent pas car ils en sont entièrement possédés. Ils ne se plaignent ni n'accusent personne si ce n'est eux-mêmes. Ils n'ont rien perdu sinon eux-mêmes. « Le mort a saisi le vif. » La rencontre avec ceux-là que la médecine nomme « mélancoliques » est une épreuve tant par la vision de cette souffrance statufiée dans un corps vivant que par le danger immédiat de voir se reproduire l'acte suicidaire. Celui qui est ainsi saisi par la mort dans chaque fibre de son corps n'aura de cesse de lui faire rejoindre son destin funèbre. Il faut alors faire vite, ne pas attendre un effet de la sympathie ou de la parole, mais recourir d'emblée et en urgence aux traitements remarquablement efficaces dont la médecine dispose en ce domaine.

Plus rarement la rencontre avec ces suicidés du matin est celle d'un autre monde. Celui ou celle qui est là ne désigne pas une souffrance. Il n'en est pas non plus investi. On se perd à se demander quels chemins ont pu l'amener vers la mort. On s'aperçoit bientôt que son esprit est un entrelacs de multiples chemins qui s'ignorent entre eux, un fouillis inextricable de sentiments et de pensées sans linéarité ni cohérence et que l'acte de mort est venu là selon une logique qui nous échappe. Venant à la rencontre de ce patient, je me trouve face à un monde impénétrable avec lequel est seulement possible un contact de surface. Leurs mots ne sont pas les nôtres, leurs sentiments ne s'accordent pas à notre sensibilité. La mort est une des pièces d'un puzzle énigmatique pour le patient lui-même. Tout laisse à penser qu'elle représente autre chose que ce que nous désignons ainsi et que, s'il y a souffrance, elle est plus celle d'une explosion ou d'une implosion que celle d'une blessure ou d'une perte.

Là encore les modes de soins diffèrent et ne sont pas sans efficacité pour « envelopper » et rendre ainsi quelque cohérence à cet esprit disloqué, atténuer les souffrances de l'éparpillement et les risques de nouveaux gestes explosifs vers la mort ou la violence. Cela sera une œuvre de longue haleine où se conjuguent nécessairement les thérapeutiques biologiques, les dispositifs hospitaliers et médico-sociaux.

La rencontre du psychiatre que je suis peut ne pas prendre la forme d'un contact avec un inconnu par le hasard d'une hospitalisation d'urgence dans l'établissement où je pratique. Ce peut être un appel téléphonique du service de réanimation d'un autre hôpital, nous apprenant que telle personne que nous avions en soins, et parfois que nous connaissions depuis longtemps, a tenté de se donner la mort.

Plus tragiquement ce peut être l'appel d'un membre de la famille, d'un proche, nous disant que le suicide a entraîné la mort de celui ou de celle que nous « suivions » — comme on dit bizarrement —, souvent depuis longtemps.

Mort longtemps appréhendée, sinon attendue. Plus souvent mort inattendue, surprenante, douloureusement stupéfiante. Il faut déjà dire ce que je répéterai au cours de ce livre : celui ou celle qui se suicide a souvent nourri et mené sa relation de désir avec la mort de manière pudique, secrète et ingénieuse où se déroulent certaines histoires d'amours illicites.

Désir de mort, désir d'amour sont sans doute les plus profonds ressorts de la dissimulation habile et de l'élégante pudeur. Tel patient, dans une situation extérieure et souvent intérieure inextricable, chaotique, ou accablante, qui se montre souriant, assez optimiste et si poli, courtois, c'est hélas de celui-là que nous apprendrons un jour que d'un geste sobre et efficace il a coupé le fil qui le joignait aux vivants. Alors on recherche dans sa mémoire un signe d'appel, une marque de désespoir, et on se souvient que « l'humour est la politesse du désespoir » et que selon Pierre Dac, qui s'y connaissait, le suicide peut être « un manque soudain de savoir-vivre ».

Alors se reconstitue dans nos esprits un portrait, une biographie et dans nos cœurs l'histoire d'une relation. On parle avec ses collaborateurs, ses collègues ; parfois, rarement, les proches ; la famille demande à nous rencontrer. Que dire ? Le suicide est l'échec, le renoncement du dire et du penser ; alors, parler à la place du mort ? On parle de nous, de lui, de lui et de nous. On se retient sans peine de parler à sa place. Qui le pourrait sans être indigne de sa fonction et de ses liens avec celui-là qui est parti sans rien dire ?

Voilà comment le suicide, sans bien sûr représenter l'essentiel de mes préoccupations professionnelles, constitue pourtant par son irruption, toujours possible, dans la vie de mes patients et dans notre relation thérapeutique, un arrière-plan menaçant et permanent. La plupart des psychiatres s'efforcent de se tenir sur une ligne de crête assez étroite, où certes ils pensent à cette éventualité, mais où cependant ils évitent d'en être obsédés. Ils refusent d'orienter toute leur pratique vers la prévention, par mille précautions, du geste fatal ; ce qui aurait sans doute un effet négatif sur leur pratique, y compris vis-à-vis des comportements suicidaires eux-mêmes. C'est en se tournant du côté de l'appel à la vie plus que de l'abjuration continue de la mort et de la conjuration permanente contre le suicide qu'il accomplira au mieux sa tâche de soignant.

C'est pourquoi ce livre ne détaillera pas les actes où le sujet cherche la mort, ni ses multiples déterminants supposés, à la manière technique et minutieuse où l'on analyse les accidents d'avions ou les pannes d'une mécanique compliquée. Il dira plutôt comment le praticien que je suis perçoit le moment suicidaire dans la trajectoire d'un destin, l'évolution d'une personnalité, les remous d'une société, les défaillances d'une culture, les éclipses d'une spiritualité.

Certes nous examinerons ce que les avancées de l'épidémiologie et des statistiques nous apprennent sur le sujet. Je dirai les interprétations et les leçons que peut en tirer un praticien. Nous évoquerons une à une les « causes » ou les « significations », les « facteurs » qui ont été désignés du côté de la biologie, de la psychologie, de la psychopathologie, de la psychanalyse, de la sociologie, mais aussi du côté des cultures et des mentalités collectives, en particulier les nôtres en cette fin du XXe siècle.

Puis, quittant cette relecture praticienne des données causales, je dirai, en des mots que je voudrais simples, comment à un médecin et en particulier à un praticien de la psychiatrie se présente l'acte suicidaire : quels signes l'annoncent parfois, quelles structures pathologiques le sous-tendent souvent.

Nous nous attacherons plus particulièrement au suicide des *jeunes gens* et des *personnes âgées* pour tenter des hypothèses sur les raisons de leur augmentation à notre époque.

Cette réflexion sur l'importance numérique, les conditions de survenue, les différentes formes de suicide, nous permettra alors d'avancer quelques perspectives sur une *prévention* qui ne se limiterait pas à arrêter au dernier moment le geste auto-meurtrier, mais qui se soucierait d'éviter que des existences ne se présentent trop souvent comme des impasses apparemment sans autre issue que celle que l'on nomme fatale. On verra que ce terme de fatalité recouvre une série de refus, conscients ou inconscients, d'envisager certaines réalités extérieures et intérieures et que la prévention du suicide passerait le plus souvent par un dévoilement, une révélation de l'autre côté du visage des choses, des gens, des sentiments ; par la mise à jour d'un secret. Il va sans doute de même de l'accompagnement de ceux qui ont voulu mourir et qui pourront parfois, à cette occasion, regarder la vie d'un œil neuf.

On conclura en se questionnant sur le rapport entre des cultures de vie et celles qui semblent porter la mort ou le néant ; entre les civilisations du sens et de la signification et celles de la dérision, de la réduction ou de la destruction. On pourra ainsi essayer de répondre à la question : Qu'est-ce qui rend mortelle une souffrance ?

Ou, pour dire autrement, quelle instance chez un certain

sujet à un certain moment de sa vie décrète la mise à mort de son propre corps ? Qui est le juge ? Qui est le bourreau ? Qui est le condamné ? Quelle est la faute ? Peut-être devrait-on dire autrement : quel est cet esprit, cette âme qui rompt ses attaches avec son corps ? Par quel mouvement de mépris, de retrait, de déhiscense ou simplement d'absence le rejette-t-elle vers l'abîme, vers le lieu de nulle part ?

DES SUICIDES EN GRAND NOMBRE : TOUS LES ANS 12 000 MORTS ET 120 000 CANDIDATS À MOURIR

« Le cortège des suicidés » (Aragon)

Les chiffres des suicidants (ceux qui ont tenté de se donner la mort), des suicidés (ceux qui sont morts), sont de véritables interpellations par leur importance et aussi par l'ignorance qu'en a généralement la société.

Sait-on, qui sait qu'en France le nombre de décès par suicide est supérieur à celui par accidents de la route ? Qu'il a été de 20 pour 100 000 habitants en 1990. Sait-on que son importance n'a cessé d'augmenter depuis trente ans ? Sait-on que ce sont les personnes âgées qui meurent le plus par suicide mais qu'il s'agit de la *première cause de mortalité chez les jeunes gens et les jeunes adultes* à égalité ou avant les accidents de la route ? Sait-on que chez ces jeunes gens les taux de mortalité sont en augmentation régulière ? Sait-on que les hommes meurent beaucoup plus par suicide que les femmes ; que les célibataires, veufs, divorcés, plus que les personnes mariées ?

Comment comprendre l'acte suicidaire si on ignore ses *corrélations sociales* : qu'il est surtout campagnard, qu'il touche quatre fois plus les habitants des communes rurales que les Parisiens. Certaines professions sont plus exposées : les emplois modestes, mais aussi les médecins et les infirmières.

Les guerres semblent « protéger » du désir de suicide. En ce qui concerne la crise économique, les résultats sont également paradoxaux. Depuis 1985, les taux de suicide baissent un peu alors que le chômage augmente considérablement ; les immigrés se suicident moins que les Français d'origine. En revanche, les suicides sont très importants en milieu carcéral : quatre fois plus fréquents que la moyenne nationale.

Cela ne donne-t-il pas à penser aussi ce constat : les morts par suicide sont beaucoup plus fréquentes au *printemps* et en *début de semaine* et beaucoup plus faibles en hiver et le dimanche quand la vie de famille, et sans doute aussi la vie culturelle, est la plus dense et la plus riche.

Quelle explication un praticien peut-il avancer de ces données récentes de l'épidémiologie remarquablement rassemblées dans un rapport du Conseil économique et social sur le suicide publié en juillet 1993 ? Il y apparaît que les plus menacés par le suicide sont les hommes jeunes ou très âgés, célibataires, de condition modeste et de milieu rural, bref des « hommes seuls ».

Solitude de la ruralité, du célibat, de la pauvreté financière et culturelle. Ainsi ne pas avoir de vis-à-vis, de partenaire, serait un gage de tranquillité certes, mais aussi un risque de perdre cœur et une incitation à chercher « l'issue de secours » fatale.

Certes la solitude, dira-t-on, mais pourquoi plutôt les hommes ? Sans doute parce que les hommes seuls sont particulièrement seuls, farouchement, terriblement, fondamentalement, réellement seuls. « Seuls comme Franz Kafka », écrivait Kafka de lui-même. La solitude des femmes est souvent peuplée de rêves, de désirs, de souvenirs, de projets. Elles savent la rompre, au moins provisoirement, par une fugue, une visite, une balade, une conversation séductrice, culturelle, amicale ; par un signe de vie à la vie et à l'autre.

Curiosité, commérages, « tour en ville », « lèche-vitrines », « coups de fil » consolateurs ne sont pas dans le registre masculin. L'homme seul et angoissé devient vite le sanglier dans sa bauge, le poilu dans sa tranchée, le vieux garçon dans son réduit. Il ne partage guère avec la femme l'art de la fugue, du geste, du contact même fugace, du bavardage même insignifiant, du sourire complice qui au moins pour un temps viendrait rompre l'enfermement solitaire.

Faut-il dans cette triste comptabilité considérer à part ceux qui n'ont pas pu ou su ou voulu mener jusqu'à son terme leur marche à la mort ? Ceux-là on les nomme les suicidants. Ils ont fait, comme on dit, « une tentative de suicide », une « TDS » disent les initiés masquant par ce sigle les mystères de ces morts cherchées et manquées. Les épidémiologues et les statisticiens ont dans leur ensemble opté pour cette distinction, cherchant à cerner les particularités de ceux qui ont tenté de se détruire sans y parvenir, laissant peut-être une chance à la vie.

Il apparaît à ce sujet que si les morts par suicide sont nombreux, les « tentatives » le sont encore plus, beaucoup plus ; sans doute dix fois plus ; en France, à peu près cent vingt mille personnes par an. Sans doute davantage quand on sait que beaucoup de ces tentatives sont cachées ou ignorées ou méconnues ou mises au compte d'un accident, d'une erreur de doses, etc.

Il apparaît aussi qu'il est sans doute légitime de distinguer suicide et tentative puisque des différences apparaissent entre ces deux modes d'attirance vers la mort. Ainsi les femmes « tentent » plus souvent que les hommes (deux tentatives sur trois) alors que les hommes « réussissent » plus souvent (deux décès sur trois). Contrairement au suicide, les tentatives s'observent surtout en milieu urbain et touchent beaucoup plus les jeunes et surtout les jeunes femmes. Le tiers des tentatives de suicide sont le fait de jeunes de moins de vingt-quatre ans. Près des deux tiers sont des jeunes filles ou des jeunes femmes. Les victimes sont, comme pour le suicide, surtout issues de milieux modestes, mais les milieux favorisés ne sont pas épargnés.

Il ne faudrait pas cependant s'illusionner et penser que certains seraient des candidats à la mort par suicide et que d'autres rechercheraient plutôt à l'approcher en prenant certes des risques, mais sans vouloir l'atteindre. Une donnée nous empêche de voir dans les tentatives de suicide des actes plus « légers » ou moins sincères que dans les suicides suivis de mort ; les « tentatives » marquent leur profondeur et le poids de leurs intentions meurtrières par le fait qu'elles se répètent : la moitié récidivent, le quart avant un an. On sait d'autre part qu'un grand nombre de suicides « réussis » ont été précédés de tentatives.

On voit donc que le « cortège des suicidés », en France cent vingt mille personnes par an cherchant la mort et douze mille y aboutissant, est un grand peuple où il serait vain et dangereux de distinguer les plus résolus à la mort. Ils constituent la même cohorte de souffrance, d'une certaine souffrance, celle qui empêche de vivre, celle qui est insupportable au sens littéral ; une souffrance qu'on ne peut souffrir c'est-à-dire supporter ; qui ne peut être mise en souffrance c'est-à-dire en attente ; c'est cette souffrance que dans ce livre j'appellerai la *mortelle souffrance*, ou le *mal suicidaire*. Il convient de discerner les chemins qui y mènent et ceux qui en détournent. Ces chemins sont multiples. Ils ont en commun d'amener l'âme à défaillir l'empêchant de prendre le mal en peine et la peine en vouloir vivre.

LES CAUSES, LES MÉCANISMES, LES REPÈRES POUR COMPRENDRE

Abordant ce chapitre sur les « causes » de suicide, j'hésite sur une démarche tendant à expliquer ce geste de mort par des circonstances de la vie, cette fin voulue de l'existence par une difficulté d'exister. Comme le fait remarquer Aragon dans son *Traité du Style* : « Quand je vois les ignorentins qui se cherchent des raisons de vivre, je m'indigne et je dis : comme s'il y avait des raisons de vivre ! Mais qu'alors on en déduise qu'il y a des raisons de mourir, voilà qui m'échappe. » Ces mystères lui inspirent pourtant ces mots de respect : « Je salue d'une façon très humble, jusqu'à terre, ceux qui s'avancent maintenant, comment réprouverais-je un égarement sans retour qui suppose un instant de gravité parfaite et de *tout bien pesé* qui suffit à faire du monde un néant ? Je regarde passer le cortège des suicidés. »

Mystère, étonnement si fréquent des proches et même des intimes, scandale devant ces vies fauchées souvent si jeunes ; on pourrait certes se contenter de décrire et de « saluer jusqu'à terre ». Pourtant le véritable respect n'est-il pas de tenter de comprendre, de suivre, au moins un peu, par la pensée, enrichie du savoir biologique, psychiatrique, psychologique, psychanalytique, sociologique, les chemins qui ont mené à cet effacement de soi par soi-même ? Respecter c'est comprendre, entendre, même ce qui n'a été dit que par gestes, gestes d'autant plus interrogatifs et significatifs qu'ils auraient été les derniers.

Pour le médecin que je suis, le réflexe devant ce mystère est de me tourner vers ce que j'ai appris de la fragilité des équilibres biologiques, neurobiologiques et psychiques.

CE QUE NOUS APPREND LA PSYCHIATRIE : TOUT TROUBLE MENTAL CONTIENT LE RISQUE SUICIDAIRE

On considère généralement que vingt à quarante pour cent des gestes suicidaires seraient le fait de personnes présentant des troubles psychologiques graves et connus. Il est sans doute utile et éclairant d'en faire ici l'inventaire, me réservant d'examiner plus loin ce que peuvent être les états subjectifs, psychologiques des autres... de ceux que la psychiatrie n'a pas reconnus comme souffrant d'une pathologie manifeste de l'esprit.

Bien sûr c'est à la *dépression* que pense le psychiatre en évoquant le suicide, et, en particulier, à sa forme la plus intense et la plus grave : la psychose aiguë mélancolique. Dans cette maladie qui est parfois héréditaire, cyclique, et qui peut alterner avec des moments d'euphorie hyperactive, la douleur morale, la culpabilité, le désir de mort, sont d'une intensité extraordinaire. Le mélancolique met souvent au service de son projet d'autodestruction une habileté d'exécution dans une dissimulation, un calme et une détermination saisissants. Parfois au contraire, c'est dans l'acmé d'une crise d'anxiété ou de prostration que le sujet mélancolique se rue brutalement vers la mort.

Il s'agit là de troubles aigus dont il faut souligner qu'ils sont remarquablement curables par les traitements adaptés (chimiothérapies ou électronarcoses) qui guérissent, en quelques jours parfois, ces patients, très gravement perturbés. Cette guérison spectaculaire vient d'ailleurs apporter au praticien la preuve qu'il s'agissait bien d'un accès mélancolique.

D'autres formes de dépressions, moins graves et moins profondes, portent cependant en elles le risque permanent d'un passage à l'acte suicidaire, à l'occasion d'une aggravation de ces états vers la mélancolie. Cela peut se produire après un événement extérieur : frustration, irritation, blessure d'amour-propre, venant déstabiliser l'équilibre fragile permis de façon précaire par les modes de défenses dépressifs, en particulier le ralentissement. Certains pensent en effet que la dépression est parfois une sorte de protection contre le vertige suicidaire. Le patient dépressif « fait le mort » pour ne pas périr, comme certains soldats en danger se terrent immobiles dans les moments les plus périlleux d'une bataille apparemment sans issue. On sait que cette pseudo-mort tactique a permis à beaucoup de soldats de survivre comme, par la voie de mécanismes inconscients et involontaires, à des déprimés de ne pas se détruire.

Parfois le suicide fait irruption dans une dissolution lente de l'esprit au cours d'une *schizophrénie*. Il peut être le premier signe insolite, bizarre, discordant qui amènera après observation à porter ce diagnostic grave.

D'autres graves maladies de l'esprit amènent pourtant moins souvent à la souffrance suicidaire, sans doute en raison des importants mécanismes de projection de l'angoisse ou de la douleur sur le monde extérieur qu'on y observe et qui protègent le sujet lui-même. C'est le cas par exemple des *délires* chroniques, des états paranoïaques ou « passionnels ».

Dans les affaiblissements progressifs de l'intelligence à l'âge de la *sénilité*, il arrive que celui qui assiste ainsi au naufrage de son esprit s'effondre dans une mélancolie souvent suicidaire.

Des troubles beaucoup moins graves, réunis sous le terme de *névrose*, caractérisés par une difficulté angoissée à jouir pleinement de la vie, peuvent malgré cette moindre gravité amener à des gestes suicidaires. Dans l'hystérie, par exemple, à l'occasion d'une frustration et souvent à la faveur d'un obscurcissement de la conscience, d'un état crépusculaire, on observe assez souvent des tentatives de suicide ou des suicides effectifs. Le théâtralisme du comportement hystérique ne doit pas faire se méprendre sur l'authenticité et la dangerosité de cette quête de mort.

Chez les *déséquilibrés* mentaux, les psychopathes, ceux-là qui agissent l'angoisse plus qu'ils ne la ressentent et surtout ne l'élaborent, des tentatives de suicide viennent émailler leur existence chaotique et la mort suicidaire y mettre une fin souvent inattendue.

Dans les états assez proches, ceux des différents *toxicomanes*, le suicide peut survenir dans des états de manque ou dans le désordre des comportements qui accompagne les ivresses confuses ou dépressives.

Ainsi, passant la pathologie mentale en revue, on s'aperçoit que le geste suicidaire est susceptible de se produire dans presque tous les grands dérangements de l'esprit et, encore plus, dans les graves perturbations de l'humeur. C'est pourquoi tout geste auto-agressif amène le médecin à rechercher les signes de pathologie mentale afin qu'une prise en charge et une démarche thérapeutique puissent être éventuellement mises en place.

Parfois le trouble en cause n'est pas de ceux que l'on nomme mentaux. Il s'agit d'une de ces *maladies qui affectent l'ensemble de l'organisme* par des altérations graves d'une ou plusieurs fonctions, entraînant pour celui qui en est atteint un sentiment quasi physique de déchéance. Le vécu de cette vie n'a plus la gloire douce, le chant profond, le timbre et le tempo, cela qu'on appelle la joie et dont on ne saurait longtemps se passer. « Une poignante réalité, tout le reste auprès n'est rien », écrivait Claudel. La joie ainsi conçue s'enracine tellement dans le corps que si celui-ci est gravement affecté ; elle s'éteint comme la voix d'une guitare aux cordes cassées. Je ne crois pas que les personnes qui se suicident quand elles sont frappées d'une maladie longue et inexorable procèdent par un raisonnement comme on ferait un pronostic, une pesée des coûts et des bénéfices. Je crois que ces suicides émanent d'un sentiment plus diffus et plus profond. La joie, « cet immense orgueil d'être jeune et vivant », dont parle Aragon, est le milieu, l'état naturel de l'espèce humaine, comme l'eau pour le poisson. Si elle s'absente de l'homme, il ne lui reste plus qu'une apparence dont il tend à se défaire sans pitié ni colère.

CE QUE NE NOUS APPREND PAS LA PSYCHOLOGIE : LA LOGIQUE LOGICIENNE EN DÉFAUT

Et les autres ? Ces soixante à quatre-vingts pour cent chez qui le geste suicidaire n'est pas le symptôme d'une pathologie connue et repérée ? On serait tenté, par une vue simpliste des choses, de penser que pour ceux-là qui ne souffriraient apparemment d'aucun trouble de l'esprit, le suicide serait l'aboutissement logique d'un projet raisonné en fonction d'une certaine situation. Ce serait donc le suicide-solution ou le suicide-philosophie ou, à l'extrême, le suicide-pratique. Il conviendrait alors de faire jouer à telle situation, à tel événement défavorable, à tel chagrin ou à telle frustration, un rôle causal. La collision avec un obstacle dans l'existence entraînerait la mort, comme sur une route la rencontre brutale avec un platane.

L'examen des faits déclenchant nombre de ces suicides ne permet guère de soutenir cette explication mécaniste. Les frustrations, les peines, les chagrins, les difficultés, sont souvent certes considérables et objectivement lourds, mais comment expliquer qu'ils pourraient entraîner un arrêt de mort, sauf disposition intérieure particulière. La logique logicienne, linéaire et consciente, ne peut pas expliquer qu'une peine, toujours relative, puisse trouver une solution et un dénouement dans la peine suprême. Le fait est encore plus remarquable lorsque, il n'est pas rare, le facteur déclenchant apparaît relativement minime.

Il faut donc en venir à reconnaître que, en dehors même de toute pathologie mentale avérée, les dispositions d'esprit diffèrent profondément d'un sujet à l'autre, de même que ne sont pas semblables les capacités d'adaptation à telle ou telle difficulté ou frustration. Ces dispositions profondes, cette capacité singulière à faire face ou non à une situation particulière, l'absence de linéarité logique entre la situation et l'acte, nous amènent à réfléchir à la subjectivité de chacun, en particulier dans ses dimensions inconscientes.

C'est donc à la psychologie de l'inconscient, à la psychanalyse que nous demanderons un éclairage sur les suicides de « sujets sains » chez qui l'examen du discours conscient décourage toute explication logique, à moins de rentrer dans celle de Gribouille qui se plongeait dans un étang pour ne pas être mouillé par la pluie.

LES ÉCLAIRAGES DE LA PSYCHANALYSE : CULPABILITÉ, MAIS AUSSI MAL-ÊTRE FONDAMENTAL

Ce que nous donne à entendre la trouvaille freudienne au sujet du suicide se réfère de façon insistante à la culpabilité dans ses dimensions inconscientes.

Pour énoncer cela en termes aussi simples que possible, il faut partir de ce que la psychanalyse nous apprend sur *l'organisation du désir.*

Il prend naissance de la pulsion qui en est la base biologique. Il prend sa forme en s'imaginant dans les phantasmes, selon les configurations multiples et dynamiques qui font qu'aucun désir ne ressemble à celui du voisin. Ces désirs phantasmés s'expriment dans la parole, dans l'énonciation du « désir bien dit » qui sera en quelque sorte le filum qui conduira une existence. Mais ce « fleuve » : pulsion-phantasme-désir-parole, coulant en direction de l'objet, est brisé dans son élan, plus ou moins fortement, par une culpabilité inconsciente liée à la problématique œdipienne : essentiellement l'amour coupable pour la mère et la haine tout aussi coupable pour le père entraînent le refoulement de certaines représentations de la pulsion. Ainsi le flux désirant se trouve en partie barré, ceci entraînant secondairement une agressivité (« l'agressivité est de l'amour contrarié », W. Reich). Cette agressivité élaborée en grande partie dans l'inconscient se dirige vers autrui mais peut aussi se retourner vers le sujet lui-même.

Cette *culpabilité*, cette *agressivité*, héritières du complexe d'Œdipe, peuvent ne pas prendre la forme directe d'une violence à autrui ou à soi-même. Elles peuvent s'exprimer de façon moins manifeste par un recul, une inhibition devant une initiative, l'expression d'un désir, une demande d'aide, d'attention ou d'amour.

Ainsi en est-il de ces suicides interprétés comme des appels au secours. On peut y lire un effet de la culpabilité en ce qu'elle empêche une demande, une requête en bonne et due forme. En se mettant dans une situation de désespoir, on tente, selon des mécanismes et des motivations inconscientes, d'attirer la pitié et la sympathie sans avoir à les demander. La culpabilité y trouve son compte si on considère qu'un coupable est précisément celui qui n'a pas le droit de demander ou d'exiger.

Parfois c'est à l'Autre que le suicidant s'adresse. Il s'agit de ces actes désespérés semblant appeler davantage à la chance et à la providence qu'au secours de son prochain. Selon le modèle de la roulette russe, le suicidant s'en remet non à la justesse de son désir bien dit mais à un supposé interlocuteur tout-puissant qui pourrait, sans qu'il le demande, lui accorder grâce ou condamnation. On voit comment cette conduite paradoxale et irrationnelle satisfait également aux exigences de la culpabilité inconsciente, puisque ce « coupable » ne devra sa condamnation ou son salut qu'à l'initiative d'un autre et non à l'expression de son désir propre dans un acte ou une parole.

Le suicide comme fuite se réfère aussi à cette problématique de culpabilité. Si on admet le prédicat d'une faute inconsciente, en présence d'une difficulté ou d'un conflit, le « coupable » n'osera pas affronter, combattre, faire valoir ses droits, lui qui les a perdus « par sa faute ». Il ne lui reste alors qu'à fuir selon la logique implacable et radicale, jusqu'au-boutiste, du discours inconscient.

Suicide, agression de soi-même par l'effet du refoulement et de la culpabilité ; punition d'une faute inconsciente et imaginaire ; appel au secours et fuite de celui qui serait trop coupable pour se défendre ; suicide comme conclusion et accomplissement de la malédiction œdipienne, du gâchis névrotique ; exécution capitale ; le sujet inconsciemment culpabilisé joue à la fois le rôle du *juge*, du *bourreau*, du *condamné*.

Il y a certes là une certaine logique du discours névrotique ; pourtant je vois dans cette poursuite de la condamnation symbolique jusqu'au réel le plus radical le signe d'une sorte de « folie » ou de mode de pensée sommairement absolutistes. Il y a là une sorte de « prise au mot » de la condamnation à mort qui me paraît dépasser le simple aveuglement de la névrose. Rappelons qu'Œdipe ne s'est pas suicidé mais s'est « seulement » crevé les yeux.

Ceci m'amène donc à examiner avec intérêt les données psychanalytiques postfreudiennes qui se sont attachées à éclairer des *mécanismes plus archaïques* que ceux qui se jouent dans la dramaturgie œdipienne centrée sur le choix d'amour et sur la culpabilité agressive qu'il contient potentiellement.

La question du choix d'objet suppose résolue une question plus archaïque, plus fondamentale aussi, celle de « l'être ou ne pas être ». Il s'agit pour *l'être* d'accéder à un statut lui donnant autonomie, conservation, développement. Les mécanismes qui aboutissent à l'émergence et au maintien d'une existence individuelle, avant même que la question ne se pose d'un choix et d'un élan d'amour, se situent dans ce qu'il est convenu d'appeler le registre narcissique. Ils ont été éclairés par la psychanalyse anglo-saxonne, en particulier par les travaux de Melanie Klein, de Winnicott, de Michael Balint.

Au début de sa vie extra-utérine, le bébé se confond avec son environnement et singulièrement avec sa mère. Avec les limites que comporte l'utilisation d'un « langage adulte » pour décrire des « réalités bébés » (Balint), on dira que le petit enfant « fusionne » avec sa mère, projetant sur elle ses sensations et ses « représentations » internes, incorporant et introjectant en retour ce que lui apporte sa mère. Il se produit ainsi une dénégation implicite, qu'on appellera pour cela un déni, de son existence propre et de l'existence de sa mère. Il a un rapport confus à la « chose maternelle » qui n'a pas encore pris le nom de mère. Il ne « saura » qu'après la traversée de la « position dépressive », étape maturante de la vie du petit enfant, vers six mois, qu'il a une mère séparée de lui et que lui-même existe à part.

Avant cette étape décisive sur laquelle nous reviendrons à plusieurs reprises dans cet ouvrage, car il s'agit d'un temps maturatif essentiel inaugurant la mise en place d'une vie individuelle pour l'être humain, le psychisme du bébé est soumis à des phénomènes de *clivage*. Les expériences affectives qu'il traverse ne bénéficient pas de la continuité unifiante qui lui permettrait de les vivre sans en être divisé. Ainsi, pour schématiser et selon la terminologie kleinienne traditionnelle, le bébé « éprouvera », suivant qu'il est rassasié ou qu'il a faim, qu'il a devant lui tantôt une *bonne mère*, tantôt une *mauvaise mère* ; tantôt un *bon sein*, tantôt un *mauvais sein*.

Il fait ainsi l'expérience d'une sorte de perception manichéiste du monde auquel participe sa réalité interne en raison de la confusion dans laquelle il se trouve vis-à-vis de sa mère et de son environnement. Comme sa mère, il se « sent » clivé, divisé, selon les expériences qu'il traverse, en « bon » ou en « mauvais » « objet interne ».

Cette phase primitive du développement affectif du petit enfant est donc dominée : par le déni de son existence propre et de l'existence de sa mère, dans la confusion entre lui et elle, lui et l'environnement ; par la projection et l'introjection entre lui et le monde. Elle a été désignée dans cette psychanalyse des formes élémentaires de vie affective sous le nom de *position schizoparanoïde* ; la racine « schize » désignant le clivage, la division de l'esprit et de l'environnement, et la racine « paranoïde » le caractère irrationnel, déréel et phantasmatique de ce qui est vécu ainsi.

On pourrait penser que ces désignations et descriptions sont des spéculations gratuites sans correspondance observable et sans conséquence pratique. Il n'est pourtant que d'observer chez le tout petit la succession de ravissement et d'effroi, de paix absolue et de colère extrême pour percevoir que son existence est pleine de « bruits et de fureurs » tout autant que de douceur et de tendresse, le passage de l'une à l'autre « position » se faisant sans transition et sans état intermédiaire.

Évoquant plus tard les données de la psychopathologie des psychoses ou des états frontières, nous préciserons combien ce repérage en termes de division, de déni, de projection, peut être éclairant pour comprendre ces états de profonde régression si souvent impliqués dans les suicides. On comprend aussi l'importance de la *position dépressive* qui permettra au petit enfant de quitter ces divisions et ces confusions au terme d'un processus de mise à distance de sa mère introduisant du « jeu » avec elle, creusant entre elle et lui un espace symbolique que Winnicott nommait l'*espace potentiel*.

Chacun a pu repérer auprès d'un petit enfant ce qui était désigné ainsi. On sait que vers six mois l'enfant, qui n'est plus un bébé, s'empare d'un morceau de tissu, souple et informe, dont il fait son consolateur rassurant et, en quelque manière, le représentant de sa mère en son absence. En jouant avec son « doudou », dont Winnicott disait qu'il était à la fois « intérieur » et « extérieur » à l'enfant, « trouvé » et « créé » par lui, il opère une sorte de va-et-vient réparateur rassurant « entre rêve et réalité ». Par le jeu il incorpore en lui ce qu'il reçoit de bon à l'extérieur de lui. Par une activité de jeu il se libère des états de dépendance externe et des cloisonnements internes et accède à un début de vie psychique individuelle.

Dans le chapitre envisageant la psychopathologie des états frontières si souvent impliqués dans les suicides, nous expliciterons que chez certaines personnalités dites, de façon abusive, « sans psychisme », on pourrait plutôt dire « sans âme », cette fonction de jeu entre rêve et réalité se trouve défaillante, avec des conséquences désastreuses. L'individuation, l'intégration, la personnalisation, les capacités de création et de réparation sont alors mises en cause.

Me réservant donc d'examiner plus tard les effets de cette défaillance ou de cette vacuité de l'espace potentiel, de l'extinction ou de l'« atrophie » de ce que je nommerai la vie intime, la vie intérieure ou la vie de l'âme, je voudrais cependant évoquer dès à présent sous quelle forme cette défaillance, cette extinction, cette atrophie peuvent apparaître dans la vie individuelle et collective sans qu'il soit nécessaire de se référer d'emblée à la psychopathologie ou à l'immaturité affective.

Il suffit pour cela d'évoquer et d'analyser deux positions existentielles ou philosophiques classiquement symétriques et apparemment adultes : les attitudes mystiques et les attitudes nihilistes.

Le rapport au monde de type *mystique*, comme le rapport archaïque du bébé, est celui d'une fusion au Grand Tout, à Dieu, à un monde panthéistique. « Moi et Dieu », « Moi et le Monde », « c'est le même phénomène, le même mélange ». « Il n'y a pas de barres, pas d'espaces entre moi et cette chose, cette *res divina* ; ce monde panthéistique, ce *nirvana*, ce paradis océanique. »

Le mysticisme est, par essence, ineffable et incommunicable. S'il y a des mots pour dire l'expérience mystique, ils sont tellement métaphoriques qu'ils ne désignent pas vraiment leur objet et la démarche qui y conduit.

Il y a certes des exceptions remarquables. Certains ont réussi à traduire l'éprouvé mystique en propos littéraires, philosophiques ou poétiques comme saint Jean de la Croix ou sainte Thérèse d'Avila qui, en même temps que mystiques, ont été des écrivains. Mais beaucoup de mystiques n'ayant pas su faire le passage entre cette expérience en quelque sorte psychotique aiguë, confusionnelle, à l'expérience mature et maturante de l'écriture ou de l'expression verbale, se sont tenus et perdus dans les vertiges de l'ineffable entraînant parfois des esprits suggestibles dans ce maelström sans fond.

Évoquant saint Jean de la Croix ou sainte Thérèse d'Avila, je peux paraître m'éloigner de notre époque. Pourtant l'éprouvé mystique, c'est-à-dire la fusion à l'innommé et à l'impensé, est tout à fait actuel et présent. Il s'observe comme tel dans les sectes et dans un certain nombre de manifestations collectives dont certaines sont agréées par les Églises officielles. Il se pratique aussi dans les consultations de voyantes, qui sont, on le sait, d'une très grande abondance. Il peut être repéré dans de nombreuses formes d'ésotérisme, dont certaines productions hermétiques : psychanalytiques, parapsychologiques ou métaphysiques, ne sont pas éloignées.

Ces manifestations mystiques, qu'il y a lieu de ne pas confondre avec les phénomènes religieux, qui au contraire font l'objet d'une pensée et d'une claire énonciation, ont donc pour caractéristique commune qu'on n'y retrouve guère le souci de dire juste, vrai, de partager son propos ; qu'on y vit dans les vertiges de l'ineffable.

Si le sujet humain ne fusionne pas à la très bonne « chose » à la « chose divine » mais s'identifie au contraire à la « chose abjecte », il signifie dans son comportement, souvent sans le dire, la devise *nihiliste* « rien ». Il n'y a rien, je ne suis rien, le monde n'est rien, il n'y a rien à dire.

Nada ! A la manière des anarchistes espagnols. On lève le poing, on accomplit les actes élémentaires et insignifiants, bruyants et aphasiques, dérisoires ou violents comme ceux des terroristes ou des dadaïstes, des zazous ou des punks. Cette identification à la « chose abjecte » est en cela une identification au néant, ou plutôt à l'insignifiant. Tout est à prendre à la rigolade ou à l'absurde, au léger ou au tragique. Rien n'est à élaborer, à formuler, à mettre en perspective, à référer à quoi que ce soit.

Évoquer le nihilisme n'est pas seulement rappeler les attitudes insolites, marginales ou anciennes : les nihilistes russes poseurs de bombes, les terroristes de la bande à Baader, les anarchistes espagnols.

Le nihilisme est actuel, en particulier, par l'omniprésence et la force de l'argent. L'argent n'est « rien » s'il n'a pas un usage au service d'un désir verbalement manifesté ; si lui-même n'est pas nommé ; s'il n'est pas évoqué par sa provenance ni par ce vers quoi il doit aller. Il me semble que présentement l'usage de l'argent, soit qu'il manque, soit qu'il surabonde, est « obsédant », c'est-à-dire qu'il n'est pas ordonné au service d'un désir bien dit, d'un projet, qu'il n'est pas l'objet d'une énonciation sur son origine ni sur ce à quoi il va servir et en quels termes. Il est alors recherché en tant que chose « abjecte », insignifiante, c'est-à-dire en dehors des objets qu'il pourrait représenter et dont il pourrait permettre l'acquisition.

Certains n'ayant pas besoin d'un supplément d'argent le recherchent pourtant de façon insistante mais insignifiante au sens propre du terme, c'est-à-dire qu'il ne signifie plus rien, qu'il n'est signe de rien, sinon de la représentation mégalomaniaque de celui qui le recherche. Une des formes du nihilisme ordinaire me paraît représentée par cet usage de l'argent, fou, désarrimé de la chaîne désirante, projectif, déniant, clivé.

Dans le même ordre d'idées, on pourrait évoquer la langue de bois qui est un usage nihiliste du langage : à quoi bon essayer de dire juste, de dire vrai ? Ce qui compte c'est ce qui me fera élire ou ce qui m'évitera des ennuis ou ce qui fera avancer ma cause ou celle de mon parti. Ce que ça *veut* dire, ce qui serait à dire vraiment, importe peu.

Les sectes, l'ésotérisme mystique d'une part, la langue de bois, l'usage bizarre de l'argent, l'esprit « zappeur », « planant » et « rigolant » d'autre part, ont, me semble-t-il, un rapport avec une défaillance de l'élaboration psychique dans l'espace intérieur, de la vie de l'âme. Ces défaillances de la vie intérieure me paraissent induire et conditionner des comportements suicidaires. Quand on n'est pas capable, quand on n'a pas les moyens personnels ou culturels d'énoncer son désir, de dire pourquoi, par exemple, on veut gagner de l'argent, on est sans doute dans une perspective suicidaire. Si des moyens personnels ou culturels ne permettent pas d'exprimer un éprouvé mystique et en cela le relativiser, le partager, l'humaniser sous forme de religion, de pensée ou de littérature, par exemple, les envolées idéales et la chute suicidaire menacent.

Plus proche encore de notre vie quotidienne : le nihilisme de certaines mentalités légères, planantes, glissantes, zappantes, que certains ont qualifié de « civilisation postmoderne ». Sans entrer dans les approfondissements de cette conception, nous énoncerons en quelques mots des concepts à connotation « postmoderne », en les opposant à des conceptions plus traditionnelles : légèreté par opposition à complexité et épaisseur ; visuel et sonore, ou plutôt vidéo et sono, par opposition au langage articulé et au propos ; immédiateté par opposition au projet ; cordialité par opposition à l'engagement ; proximité par opposition aux perspectives ; concrétisation par opposition aux conceptions ; consommation par opposition à production ; conservation (en particulier de l'environnement) par opposition à création et changement ; solitude et multiplicité par opposition à l'appartenance unifiante ; expérimentation par opposition à filiation et transmission.

Ces caractères de cordialité immédiate, concrète, visuelle mais informelle et informulée, hors système, se retrouvent dans des réalisations, des gestes ou des actions comme ceux de spectacles humanitaires, de rassemblements ou manifestations de masse sur des thèmes égalitaires.

Pour évoquer cet esprit du léger, du provisoire, de l'intense, du nihilisme new-look, certains mots clés, pour la plupart anglo-saxons et brefs, peuvent être cités : light, hi-fi, soft, skate, glisse, look, feeling, reaves, crack, trip, cool, kitch, jogging, zapping, kit, fun, speed, beach, clean, design, flipper, TDS, nuls, retro, top, must, zone, bio, écolo, spot, flash, branché, média, coca, jean, comic's, dérision, loft, new wave, hard...

On voit que ce qui nous protège des vertiges mystiques et nihilistes, c'est un « équipement » personnel permettant de « nommer les choses », leur donnant statut d'objet, en cela nous en libérant, nous permettant de les posséder et non d'en être possédés et de mettre un jeu de langage entre elles et nous. Notre histoire, notre relation avec nos parents, ce qu'on a pu vivre ensuite, nous ont permis de donner des noms au monde. Tout est alors pour nous *objet* de haine, de désir ou d'amour. De ce fait, nous avons « un monde à nous » que nous sommes capables de repérer, de nommer, de désirer, de conquérir.

Voilà précisément le bonheur, la chance de ceux qui dans leur histoire ont pu apprendre à parler au sens véritable du terme et non pas seulement à manier soit la langue de bois, soit la verbigération ou le psittacisme ; à user de leur parole propre pour nommer ce qu'ils aiment et ce qu'ils n'aiment pas.

Ceci n'est pas seulement un fait personnel, individuel et subjectif. Ce qu'on appelle une *civilisation*, au sens pratique du terme et non au sens esthétique, au sens concret, au sens du bien commun, c'est un système de mots, de phrases, d'indications verbales, de mise à la disposition d'autrui de langage, à l'usage de ceux qui seraient en défaillance d'expressions, de capacités à nommer les choses pour qu'elles deviennent objets, objets d'amour, objets de haine et qu'ils puissent s'en emparer. Une culture, qu'elle s'exprime en littérature, en religion, en mythes, en arts, c'est avant tout une représentation du monde à l'usage de ceux qui n'auraient plus assez de mots pour le désigner et pour leur épargner ainsi l'ineffable mystique ou nihiliste.

Cet usage antinihiliste et antimystique de la parole semble aller de soi. Elle est pourtant beaucoup plus fragile qu'on ne le croit. Cela n'est pas sans analogie avec les défaillances de l'immunité dans le sida. Elle paraissait aussi aller de soi, être la base même de la vie. Or on s'est aperçu que dans certaines circonstances il pouvait y avoir un défaut dans la capacité élaborative de l'immunité biologique.

L'usage de la parole est fragile. Non pas que l'on resterait silencieux. On communique mais on ne rencontre pas ! On ne s'introduit pas souvent dans la dimension de la rencontre, silencieuse et verbale tout à la fois, très énigmatique. On a si souvent et tout de suite réponse à tout ! Peu de silence, de perplexité. On communique « cinq sur cinq ». On dirait de la tuyauterie ; idéal de plombier... « Ça coule de source » ! Alors que la rencontre, Dieu sait si ça ne coule pas de source !

On pourrait penser que d'évoquer le nihilisme, le mysticisme, ne relèverait pas de ce chapitre consacré aux mécanismes archaïques inconscients de la vie psychique, mais plutôt de celui qui examinera ultérieurement d'éventuelles causes sociales, culturelles ou spirituelles. J'ai tenu pourtant à évoquer ces thèmes, à propos des défaillances de l'élaboration et de l'individuation psychiques, car je suis convaincu que bien des dispositifs sociaux et des mouvements de pensée, désignés comme « causes » des conduites suicidaires, ne le sont qu'en raison des dispositions d'esprit de certains sujets, qui en sont de ce fait particulièrement influencés.

D'autre part, évoquer ces positions archaïques de la vie affective, ces relations « prégénitales », « préverbales », au monde et à autrui, sans en donner quelques exemples précis et largement observés (la dérision, le sectarisme, etc.), aurait pu laisser à penser que ces attitudes régressives constituaient des sortes de raretés ou de bizarreries de l'esprit. Or, un des points que je voudrais souligner dans cet ouvrage est la fréquence du hiatus, du clivage dira-t-on ici, qui existe à l'intérieur même de certains esprits apparemment adaptés, intelligents, pratiques, mais profondément marqués par ce que le psychanalyste André Green appelle une « folie privée ». En sourdine, et à l'insu même de ces sujets, opèrent et agissent des mécanismes à forme irrationnelle, magique, projective, impliquant un déni de bien des aspects de la réalité extérieure et plus encore des réalités intérieures.

LA DISSOLUTION PSYCHOTIQUE, LE GÂCHIS NÉVROTIQUE, LES DÉFAILLANCES DE L'ÂME, LE JEU PERVERS AVEC LA MORT

Nous sommes amenés à examiner ce que nous apprend la psychopathologie sur les *mécanismes* en cause dans le suicide. Je les ai déjà évoqués dans le préambule, citant quelques circonstances où le psychiatre que je suis était amené à rencontrer des suicidants dans sa matinée à l'hôpital. J'ai énuméré ensuite sommairement les grands cadres de la nosographie où s'observe souvent le suicide. Mais c'est sur les mécanismes psychopathologiques, dans leur intimité, que je voudrais me pencher à présent. Il convient en effet d'être plus précis, sachant que selon la plupart des auteurs « vingt à quarante pour cent des suicidaires présentent une pathologie mentale plus ou moins grave et avérée » (rapport du Conseil économique et social, 1993).

J'indiquerai donc ici, plus en détail, les grands cadres de la clinique psychiatrique et les mécanismes de leur rapport avec le suicide. Pour la clarté j'examinerai successivement les quatre grandes structures pathologiques que reconnaît la pratique psychiatrique, même si à ce propos des évolutions assez récentes se sont produites aux États-Unis, et à leur suite en Europe, à partir de données surtout adaptées à des mises en forme statistiques. C'est donc en accord avec la clinique usuelle et traditionnelle en France que nous distinguerons les troubles relevant *des psychoses, des névroses, des états frontières, des perversions*.

La *psychose* représente le plus important et le plus grave des états de dissolution de l'esprit et d'incapacité à saisir la réalité, qu'il s'agisse de sa propre réalité intérieure ou de la réalité extérieure du monde et des autres. Il en résulte pour le sujet ainsi atteint une méconnaissance non seulement de ce qu'il est, de ce qu'il aime ou désire, mais de l'existence même de ses troubles. Le sujet psychotique n'a qu'une conscience confuse de son état de malade et souvent le dénie totalement et avec véhémence. Sa vie intérieure se caractérise par un morcellement et une ambivalence qui peut aller jusqu'à la dissolution, dans les plus graves des psychoses : les différentes formes de schizophrénie.

La relation avec l'extérieur est également très perturbée, prenant la forme d'un repli sur soi, mais aussi de la création d'un monde imaginaire en lieu et place de la réalité. Le sujet élabore ainsi un délire, souvent de persécution ou de jalousie, parfois de grandeur ou de toute-puissance. Ce délire s'accompagne le plus souvent et « s'appuie » sur des hallucinations ou des interprétations erronées de la réalité. Le caractère commun et essentiel à tous ces délires est la conviction inébranlable avec laquelle le sujet psychotique y adhère. Ces croyances délirantes sont pour lui aussi évidentes et proches que son existence physique.

Les données évoquées plus haut sur les stades archaïques du développement du bébé et leur persistance chez certains sujets adultes expliquent et éclairent ce morcellement du sujet, le déni de la réalité extérieure, la projection sur celle-ci d'une production imaginaire. On retrouve ainsi, comme chez le tout petit enfant, le manque d'unité de sa personne et son absence d'existence séparée du monde extérieur, laissant place à des croyances imaginaires, infiltrant et recouvrant la réalité même.

Comment l'acte suicidaire fait-il irruption dans ce monde chaotique de déni, de morcellement, de projection imaginaire ?

Il vient parfois au terme d'une « logique » délirante, comme il en est dans la psychose aiguë mélancolique dans sa forme délirante où le sujet se sent irrémédiablement coupable et relevant du châtiment suprême que, dans son propos pathologique, il se voit amené à s'auto-administrer. Parfois la logique délirante est autre et le suicide vient permettre imaginairement au psychotique d'échapper à ses persécuteurs, voire leur nuire par cette mort dont la responsabilité ne manquera pas de retomber sur eux.

Parfois aussi l'acte suicidaire est inopiné, irruptif, cataclysmique, impulsif. C'est ce que l'on observe surtout dans les schizophrénies catatoniques où l'inertie, voire le figement physique, domine sur les hallucinations et le délire. On voit ainsi des sujets figés, prostrés, tenant parfois la même posture pendant des heures, qui, dans la brutalité d'un éclair, font sur eux-mêmes ou sur autrui un geste meurtrier issu brusquement des profondeurs d'une conscience disloquée et figée.

A l'autre extrémité du « spectre » des diverses maladies mentales, les ***névroses*** s'opposent à la psychose par leur moindre gravité tant du point de vue du contact avec la réalité extérieure qui est assez bien conservée que par le comportement et les capacités d'agir qui sont souvent assez peu perturbés, mais aussi par la conscience que le sujet garde de ses troubles, contrairement aux psychotiques délirants. On pourrait de ce fait penser que ces comportements extrêmes que sont les conduites suicidaires s'y rencontreraient avec une moins grande fréquence que dans les pathologies mentales graves.

Il n'en est rien. On connaît depuis longtemps les tentatives de suicide survenant très souvent chez des femmes jeunes, angoissées et instables dans ces états classiquement qualifiés d'hystériques. C'est plus récemment que le développement de l'épidémiologie (méthodes statistiques appliquées à l'observation chiffrée des maladies) nous a appris le nombre important de suicides « réussis » chez des sujets qui n'étaient pas atteints de grandes maladies mentales mais bien de ces troubles souvent qualifiés de mineurs sous le vocable de « névrotiques » ou de « réactionnels ».

Il peut s'agir de névrose hystérique, grande productrice d'actes inattendus et spectaculaires devant lesquels il n'y a pas lieu de sourire ou de se rassurer d'un hochement de tête comme on le fait parfois. L'hystérie est non seulement à la source de vies gâchées surtout dans le domaine de la vie affective et privée, mais elle peut être la cause d'une souffrance mortifère, voire mortelle. Ici le spectaculaire, parfois le léger ou le cocasse, des attitudes et des comportements ne doit pas tromper. C'est bien d'une bruyante manifestation de l'agressivité qu'il s'agit, pouvant à tout moment dériver en violence et en puissance de mort contre soi-même autant, et sans doute plus, que vers autrui. Un de nos maîtres, évoquant dans un travail psychanalytique *La victime de l'hystérique*, nous amenait à penser que, bien plus que le conjoint, la rivale ou l'ordre établi, cette victime était bien l'hystérique elle-même.

Dans une autre forme de névrose, celle classiquement désignée sous le nom d'*obsessionnelle*, le suicide est plutôt présent comme idée interminablement évoquée et indéfiniment ressassée. Il est habituel de relever que le passage à l'acte y est rare, précisément à cause de ce « tourniquet » de la pensée, agissant comme une sorte de conjuration ou d'anesthésie par rapport à l'angoisse et au désir de mort. Pourtant, là encore, il y a lieu de réviser ce schéma trop systématique. Il arrive que ces ressassements morbides, ces ruminations autour des thèmes funèbres entraînent un épuisement des défenses psychiques et des réserves neurobiologiques, libérant ainsi des forces de mort.

La moins grave des névroses, celle nommée *phobique*, est caractérisée par l'évitement craintif et irrationnel de certaines situations, de certains lieux ou objets. Elle peut, dans un mouvement de fuite irrationnelle et inconsciente, chercher un refuge dans un « sommeil », parfois irréversible.

Plus globalement, la fréquence des conduites de mort dans cette pathologie trop souvent qualifiée de mineure, voire assimilée à un caractère fantaisiste ou à de la « comédie », en raison des réactions irritées qu'elles suscitent chez autrui, doit amener bien au contraire à en considérer toute la gravité et tenter d'en scruter les mécanismes en raison précisément de cette gravité. Certes le névrosé n'a pas perdu le contact avec la réalité extérieure et ne s'illusionne pas trop sur sa réalité intérieure, mais, à la lumière de la psychanalyse, nous pouvons apprécier les importantes distorsions de son désir et le caractère complexe de sa vie pulsionnelle, de même que la précarité de sa stabilité psychique.

Il y a, rappelons-le, dans le désir humain l'intrication de deux pulsions, Étos et Thanatos : la pulsion de vie et la pulsion de mort. Si nous suivons la métapsychologie freudienne classique, nous relèverons que ces deux pulsions ne se trouvent intriquées, unies l'une à l'autre, que dans la forme la plus aboutie de la vie affective, s'exprimant dans l'élan sexuel et amoureux pour un sujet de l'autre sexe.

Or, dans les névroses, le flux pulsionnel, le choix amoureux, on l'a déjà indiqué ici, se trouve entravé par des forces de culpabilité inconsciente, de censure et de refoulement. Le désir s'en trouve « rabattu » et fixé sur des formes dites archaïques du développement de la libido, qualifiées en psychanalyse d'« orale », d'« anale », de « phallique », suivant le stade de développement libidinal auquel se réfèrent ces fixations. Il sera sans doute plus clair d'évoquer, à propos de l'oralité, une attitude avide, dévorante ou « sauvage » comme une morsure ; à propos de l'analité, une recherche de maîtrise, de constriction cruelle, comme le serait une immobilisation forcée, une mise au cachot ou aux travaux forcés. A propos du stade « phallique », on évoquera une expression du désir où le triomphe solitaire, la conquête, la contemplation jubilatoire et énamourée de soi-même, dominent sur la considération aimante de « l'objet ». Cette fascination par soi-même et son image opère par exemple dans différentes formes d'homosexualité manifeste ou latente.

On voit que ces entraves pathologiques au déploiement et à l'accomplissement de l'élan amoureux entraînent un rapport au monde et à autrui comportant certes un attachement vivant et aimant comme celui de l'enfant au sein, du collectionneur à l'objet rare, de la vedette à son public, mais aussi, simultanément, une maîtrise et une emprise mortifère sur le modèle de la dévoration, de la strangulation ou du piétinement triomphal. Il se produit donc dans cette pathologie mentale, pourtant considérée comme peu grave, un rapport de désir marqué par une forte et déstabilisante ambivalence : amour-haine, attachement-destruction, attirance-rejet, douceur d'amour-violence de mort.

En termes imagés, j'aimerais dire que dans ces formes régressives de désir et d'amour, l'huile de la douceur et de la pulsion de vie ne s'est pas suffisamment intriquée, mêlée, liée, « émulsionnée », pourrait-on dire, avec le vinaigre de la violence et de la pulsion de mort. Pour comprendre cette image, évoquons le charme, l'amabilité, la tendresse, la séduction, la politesse souvent très « huilée » de la relation avec une personne hystérique, contrastant avec l'émergence, parfois presque simultanée de l'aigreur d'une remarque, de l'acidité d'un propos, du caractère décapant et caustique d'une attitude. Cette instabilité, ce caractère biface des sentiments et des comportements des personnalités très névrotiques, expliquent les réactions d'irritation ou de rejet qu'elles suscitent tôt ou tard.

Or, c'est là un autre aspect du caractère tragique de cette pathologie : le névrosé a besoin de l'autre, non seulement comme partenaire de relation ou d'amour, mais surtout et essentiellement comme lieu pour se penser et éprouver son existence. La « capacité à être seul » (Winnicott) manque cruellement à la personne hystérique. La culpabilité inconsciente qui opère en elle « l'oblige » à « déléguer » à autrui le « travail psychique » de liaison entre l'affect et la représentation et, pour parler plus simplement, le travail de mise en mots des sentiments, en phrases des situations, en langage de ce qui est éprouvé.

Ce travail psychique, cette élaboration entre sentiments et paroles, en grande partie inconscient, n'est donc pas du tout un luxe de culture ou une activité annexe de bel esprit. Il constitue la vie même de la pensée et il conditionne le sentiment d'exister ; il permet l'évolution de la personnalité, la réparation des chagrins, l'orientation des choix, la synthèse des expériences et des pensées. La continuité dynamique d'une existence à la manière d'un fleuve, d'un chemin, « toujours changeant et toujours identique » (Héraclite), est le fruit de ce travail psychique permanent, incessant et pour l'essentiel inconscient.

Or, dans les névroses, le sujet ne peut produire ce travail que dans et par une relation à un autre, avec qui il noue de ce fait une relation de dépendance extrême, c'est-à-dire d'attachement intense et de rejet violent. Si cet autre vient à « manquer » par le jeu des hasards de la vie ou plus souvent sous l'effet de la lassitude, de l'incompréhension ou de l'irritation devant une relation aussi compliquée, c'est, pour l'esprit du névrosé, le risque d'effondrement et la mise en cause de la continuité de son existence. La précaire intrication des pulsions de vie ou de mort permise par ce lien ambivalent, mais stable, à quelqu'un d'autre n'est plus alors possible et on comprend que la violence ainsi libérée par cette rupture relationnelle, qui aurait pu paraître banale, se « déchaîne » au sens propre sur autrui, mais aussi, par un balancement dialectique propre à la violence, sur le sujet lui-même.

Voilà comment les données freudiennes peuvent expliquer des gestes dont la violence et le caractère irruptif font contraste avec ce que nous connaissons du caractère habituellement assez « normal », voire aimable ou séduisant, de celui qui l'accomplit et assez banal de l'événement déclenchant : un éloignement, un « manquement » et, à l'extrême, une rupture qui, douloureuse chez tout un chacun, prend chez le névrosé figure de violente catastrophe et de cataclysme destructeur.

Et pourtant, une partie de moi-même n'est pas tout à fait convaincue par cette démonstration métapsychologique au sujet des névroses. Il me semble en effet que, dans ma pratique, il m'a été donné de vérifier que la névrose est plutôt une interdiction inconsciente d'aimer et d'être heureux qu'une injonction, même obscure, à se donner la mort. Que l'hystérie, la névrose obsessionnelle, soient des empêchements désastreux de vivre le plein amour de l'homme pour la femme et de la femme pour l'homme, qu'elles soient une complication retorse du désir pour se barrer à lui-même la route du bonheur par les chemins du plaisir, je n'en doute pas. Que cela, par mille ingéniosités désastreuses dont la culpabilité enfouie a le secret, parvienne à gâcher la vie de soi-même et de ses proches, cela m'apparaît d'évidence.

Mais que cette culpabilité obscure, que cet acharnement punitif puissent aboutir à une exécution capitale, quelque chose en moi hésite à le croire. L'identification de soi-même, et singulièrement de son corps, au néant me paraît relever d'une plus grande folie que l'empêchement d'être heureux qui est le fond du propos névrotique. Le manque de l'autre, l'éclatement des amours, l'éclipse même de la pensée et de la conscience ne me paraissent pas avoir pour corollaire évident la marche au néant. Le geste suicidaire requiert à mes yeux, au-delà ou plutôt en deçà des empêchements et des complications névrotiques, la mise en jeu de mécanismes archaïques à mi-chemin entre le refoulement culpabilisé et la dissolution psychotique.

Ceux qui, dans leur pratique psychiatrique, ont perçu ces entre-deux de la souffrance psychique les désignent pour la commodité de l'expression et de la conceptualisation sous les termes ***d'états frontières, de personnalités limites, d'états border line, de personnalités narcissiques***. Le monde de la névrose est celui de l'amour malheureux, de l'incapacité à désigner ce qu'on désire, de l'angoisse liée au plaisir. Le monde des états frontières est celui, je l'ai déjà évoqué ici, de l'interrogation non sur son amour mais sur son être même. Le névrosé échoue à dire ce qu'il aime ; la personnalité « limite » se demande avec perplexité ce qu'elle est. Certes cette personnalité n'est pas dissoute dans le chaos des phantasmes et l'éclatement des projections. Mais des discontinuités, des « trous », des lacunes, des « blancs » dans la présence à soi-même, font que le moi n'a pas la consistance, la vitalité qui permet au sujet de se représenter ou de se construire comme une personne singulière et autonome.

De ce fait l'existence des « personnalités frontières », bien plus encore que celle des sujets névrotiques, est suspendue à des références extérieures dont elle sont redoutablement dépendantes. La fragilité, la friabilité de ces personnalités, de façon encore plus vitale et radicale que chez les névrosés, dépend de l'adhésion et de l'identification à telle personne, institution, condition d'existence, système de pensée ou idéologie. Or cette relation de dépendance ou d'agrippement repose sur ces mécanismes très dispendieux en énergie et fort éloignés de la réalité que sont : les dénis de soi-même, en particulier dans leurs dimensions fantasmées ou agressives ; la projection « à l'extérieur », sur le monde et sur autrui, de ces fantasmes niés ou inhibés « à l'intérieur » ; les clivages en « bon » et « mauvais » des réalités extérieures et de son propre monde intérieur.

Je l'ai déjà indiqué plus haut, c'est une forme régressive d'affectivité, assez proche structuralement de celle des petits enfants de quelques mois, avant que la traversée de la position dépressive leur ait apporté une capacité à être seuls, à jouer, à se sentir intégrés et unifiés, à ressentir l'unité de leur mère, à agir sur autrui et sur leur monde environnant, ne serait-ce que sous la forme élémentaire du jeu, de la gentillesse, du *concern* (Winnicott).

En termes plus cliniques et plus concrets, ces personnalités frontières se présentent sous la forme de sujets dépressifs, dépendants, toxicomanes, mais aussi sous la forme d'apparence plus normale de personnes souffrant de troubles psychosomatiques et également sous la forme plus normale encore de personnes conformistes, suradaptées à la réalité extérieure, « normosées », dit-on parfois.

On voit que si les mécanismes en cause sont très régressifs et peu élaborés, les apparences peuvent être sauves et même donner le change pour des états banalement névrotiques. Ainsi telle personne dont l'éparpillement, l'angoisse, le besoin de plaire évoquent l'hystérie, se révélera friable dans ses assises profondes avec des capacités d'élaboration de réparation pouvant être mises en cause à l'occasion de traumatismes affectifs apparemment banals. Ainsi tel homme scrupuleux et maniaque dont l'attitude évoquerait « la névrose obsessionnelle » se révélera d'une dépendance et d'une ambivalence extrêmes lorsque tel appui viendra à manquer ou tel idéal à se dissoudre.

Dans ces cas de figure où dominent la fragilité de l'amour de soi, l'archaïsme des mécanismes psychologiques et les dépendances extérieures, les capacités d'intrication des pulsions de vie ou de mort, d'amour et de haine, sont particulièrement réduites et la désintrication violente des pulsions destructrices et réductrices particulièrement « facile ». Il me semble que l'essentiel des conduites suicidaires soit lié à ces défaillances, apparentes parfois, souvent cachées derrière une façade normaliste dépressive ou névrotique.

C'est à la lumière de ces données qu'il nous apparaît utile d'évaluer et de mieux comprendre nombre de ces suicides dits « réactionnels » ou « névrotiques » qui seraient liés à des blessures narcissiques plus profondes, plus anciennes, plus dissolvantes que la « banale » angoisse et que la classique culpabilité de l'univers névrotique.

L'importance de ces bases du psychisme que sont les fonctions narcissiques et imaginaires apparaît dans nombre de travaux psychanalytiques actuels, tant en France que dans les pays anglo-saxons. Ces fonctions essentielles s'enracinent et se déploient dans cet « espace » de rêverie, d'élaboration, de création que Winnicott, je l'ai dit, repérait chez le petit enfant sous le nom d'*espace potentiel*. Il décrivait comment ce lieu est animé par l'*objet transitionnel* : morceau de tissu informe et inséparable souvent désigné sous le petit nom de « doudou », porteur de rêve et de consolation.

Comme cela se produit la plupart du temps en psychopathologie et plus généralement en médecine, c'est quand une fonction vient à défaillir qu'on découvre son importance, voire son existence.

Les complications de la vie amoureuse, les difficultés de la vie de relation à autrui, avaient amené Freud à discerner et à décrire les avatars de la libido au travers du fonctionnement complexe et inconscient d'un appareil psychique soumis aux règles de la culpabilité œdipienne. L'importance et la fréquence des empêchements de la vie heureuse avec soi-même, des difficultés à « s'habiter », selon l'antique formule *(habitare ipse)*, ou, pour dire plus moderne, à « être bien dans sa peau », de ces manques de soi que sont les troubles dépressifs, les misères psychosomatiques, les recours à la toxicomanie, les refuges conformistes, les envolées mystiques, les plongées nihilistes, ont amené les psychistes à s'interroger sur cette économie du rapport à soi-même désigné sous le vocable à connotation malheureusement négative de narcissisme (même si on le nomme, comme le fait André Green, narcissisme de vie, par opposition à un narcissisme de mort).

Dans cet ouvrage qui tente de discerner le cheminement de

cette démarche vers le néant que constitue le suicide, il nous est apparu nécessaire de nous attarder sur « ces nouvelles maladies de l'âme » (J. Kristeva), où l'esprit semble s'éclipser, la vie intérieure s'éteindre, l'âme défaillir. C'est dans ce chapitre de psychopathologie et précisément à propos des états limites, des personnalités dépressives ou frontières (entre névroses et psychoses), qu'il nous a paru pertinent de poser la question de ce qui constitue la vie intérieure, de ce qui lui donne vitalité et animation. En d'autres termes et selon une appellation traditionnelle, oubliée et récemment redécouverte par certains, nous nous interrogerons sur ce qui fait la vie, le développement, la régression, le sommeil ou le réveil, ou la mort de l'*âme*.

C'est en effet l'observation de cette pathologie de plus en plus fréquente qui nous apprendra quelque chose de cette âme qui vient à défaillir, de ce cœur qui vient à se perdre chez les déprimés, les toxicomanes, les conformistes plus ou moins « psychosomatiques ».

Si la psyché freudienne peut être considérée comme un *appareil* avec des règles de fonctionnement mises à jour par et dans l'analyse des névroses (refoulement, censure, déplacement, condensation), l'âme est un *espace*, un lieu de l'esprit où s'enracinent et se nourrissent la singularité et la subjectivité de chacun. Selon la formulation psychanalytique anglo-saxonne (Melanie Klein, Winnicott), elle contient des « bons objets internes », fruits des introjections, des nourritures affectives de la prime enfance. Ces « objets » habitent et animent « l'espace du dedans » (Henri Michaux), « l'espace potentiel » (Winnicott), « le défaut fondamental » (Balint), l'âme dirons-nous ici. Ils sont donc à l'opposé des formations stables et inertes que le mot d'objet pourrait évoquer. Il faudrait plutôt parler de récits fantasmatiques, de fantasmagories rêveuses, de fantaisies imagées, de jeux « entre rêve et réalité » (Winnicott).

Tous n'ont pas l'expérience de ces moments intenses de vie avec son âme que représentent la *méditation* ou la *prière* intérieure. Il y a lieu pourtant de les évoquer ici comme modèle et paradigme de cette intériorité vivante. Toutes les civilisations disposent de temps et de lieux pour commercer avec soi-même, se rejoindre, se recueillir. Ces expériences sont tout à la fois intenses et intimes, elles dépassent aussi l'ordinaire de la vie et sont considérées en cela comme transcendantes lorsqu'elles sont reliées à une tradition religieuse. On parlera ainsi lorsque ces expériences seront rattachées à des récits sur les origines et qu'elles s'éprouvent dans un rapport à des textes fondateurs sacrés, représentant ces origines humaines en termes imagés (la Bible, par exemple).

Dans ces traditions on relèvera d'abord la place particulière faite au *corps* ; chez les chrétiens : l'attitude de l'orant, concentrée sur l'espace vide entre ses deux mains écartées ; dans les traditions orientales : la position spécifique de yogi, la fixation intense sur un objet zen, la prosternation musulmane.

Dans chacune de ces traditions, le corps quitte ses positions et ses gestes fonctionnels, utilitaires, quotidiens, et se place dans une immobilité qui n'est pourtant pas celle du repos. Il y a en effet dans les positions de prière ou de méditation une mise en tension du corps mais détournée du monde extérieur, de la maîtrise et de la manipulation des objets de la vie courante. Cette tension semble au contraire dirigée vers un espace invisible que l'orant ou le méditant semble explorer et faire vivre en lui ou devant lui dans l'espace vide, dans « l'espace potentiel » dirait Winnicott, de ses mains écartées.

Ces traditions religieuses de méditation ou de prière intérieure se spécifient aussi par la place faite à l'autre, à la présence du *corps de l'autre*. Cette exploration, cet appel à la vie de l'âme, se fait le plus souvent dans une proximité à autrui qui n'est pas celle de la relation habituelle, où se marque toujours un « intérêt », de quelque nature qu'il soit, pour son voisin ou son interlocuteur. Dans la méditation ou la prière, l'autre est présent-absent sur le modèle de la proximité d'une représentation imagée, et sans doute de façon homologue à la présence d'une mère auprès d'un enfant qui joue.

A ce propos Winnicott a fait remarquer comme la présence de celle qu'il nomme une « mère environnement » suffit à permettre et à faciliter le jeu d'un enfant sans que celle-ci ait à l'y encourager ni même à signifier sa présence dans un contact direct avec lui. Le psychanalyste reconnaît cette capacité à « être seul en présence d'un autre » comme le fruit de l'autonomisation et de l'individualisation de l'enfant et considère l'acquisition de cette capacité comme le signe d'une maturation accomplie au-delà de la position dépressive. Winnicott souligne que cette solitude plénière et heureuse près d'un autre est revécue par un homme et une femme qui s'aiment et restent côte à côte après l'orgasme, apaisés, silencieux et rêveurs.

L'observation des pratiques religieuses de diverses traditions nous apprend qu'il y a des *temps* pour se nourrir l'âme comme il y a des temps pour agir, se distraire, travailler, se reposer. On remarque en effet que toutes les civilisations ont prévu, sur le mode rythmique, périodique, rituel, des moments où la vie ordinaire s'arrête soit pour qu'on se rende dans un lieu de culte, soit pour procéder à une méditation-prière privée, soit pour accomplir certains gestes « sacrés ». Ces périodes se répètent selon le cycle des jours, des semaines, de l'année, de la vie entière (prière quotidienne, culte du vendredi, samedi ou dimanche, pèlerinage une fois dans sa vie à La Mecque, à Rome, à Jérusalem...).

On remarquera que ce temps pour ne rien faire de pratique, pour se rendre disponible à d'autres réalités, réalités intérieures dirons-nous, réalités psychiques écrit Freud, est tout à la fois vide et densément habité, comme nous l'avons déjà dit concernant l'espace entre les deux mains écartées de l'orant. Il obéit à une périodicité sans faille, dont les données actuelles de la chonobiologie nous ont appris l'importance, en particulier vis-à-vis de la prévention des troubles de l'humeur.

Nous retrouverons la même analogie (vacuité habitée par une autre forme de présence) si nous réfléchissons à ce qui caractérise les *lieux* où s'opèrent ces retours à l'intériorité. Qu'il s'agisse des temples, des mosquées, des églises, des sanctuaires de toute sorte, l'espace ainsi dévolu à la vie de l'âme est lui aussi caractérisé par un grand vide, encadré et protégé par des murs souvent épais. Certes les lieux de culte contiennent des aménagements ou des objets, mais on les qualifie de sacrés en ce que leur utilité pratique est largement dépassée par leur signification symbolique, leur fonction de signe d'une présence inapparente.

Ainsi toutes les civilisations ont inscrit dans leurs traditions des temps, des lieux, des attitudes corporelles, des dispositifs de *rapport à l'autre*, marqués par une *rupture* périodique avec le quotidien et une forme de *présence-absence* à soi-même et aux autres, dans une vacuité densément investie par l'imaginaire et le sentiment.

Dans ce chapitre sur les états frontières, volontairement plus approfondi compte tenu des liens à nos yeux très étroits de ce type de troubles avec les conduites suicidaires, on s'étonnera peut-être cependant de ces développements sur les traditions religieuses. On pourrait estimer que la problématique confessionnelle et les modes de croyance ne sont pas souvent au cœur de la question du suicide et que, d'autre part, leur importance dans la vie des individus tend, sauf exception, à s'estomper depuis quelques décennies. Si nous y avons insisté, ce n'est pas par goût nostalgique ou fanatique pour le fait religieux. C'est parce que le dispositif de méditation ou de prière représente, de façon paradigmatique, un mode de « fonctionnement » de cette vie intérieure qui semble défaillir dans les différentes formes de troubles « frontières », qu'il s'agisse des personnalités dépressives, psychosomatiques, toxicomanes, conformistes (faux self) ou suicidaires.

Il faut souligner en effet que les « héritiers » de l'espace potentiel et de l'objet transitionnel ne se limitent pas aux différentes formes de méditation ou de prière. Ils se retrouvent de façon plus cachée, plus intime et privée, et donc moins claire pour la démonstration, mais beaucoup plus répandue pour la pratique, dans des temps, des lieux, des activités, qui ne sont pas, me semble-t-il, sans analogie avec la méditation.

On y observe également une mise en jeu spécifique du corps, un temps sans précipitation, un lieu privilégié et protégé des soucis communs. Je veux évoquer ici : les promenades lentes, longues ; les flâneries rêveuses, solitaires ou avec quelques amis silencieux ; les jeux *(game)* où la fantaisie et l'invention rieuse priment sur l'application des règles, la compétition, l'excitation, la réflexion « casse-tête » ou les réactions nerveuses *(play)*. Je relèverai aux extrêmes : les jeux où les enfants se métamorphosent en gendarmes et voleurs, ou se livrent aux surprises du cache-cache, et, à l'opposé, l'implacable stratégie d'un match aux lourds enjeux financiers ou encore l'excitation réflexe des jeux vidéo.

Pensons aussi à la ferveur d'un concert où le charme de la musique, la présence-absence du public, l'ampleur tranquille et protégée de la salle, se combinent pour créer une atmosphère parfois qualifiée précisément de religieuse. Citons encore des formes moins évidentes de « nutrition de l'âme », d'intériorisation, de « restauration narcissique » que sont les longs parcours de jogging, sans souci de la performance ; le repos apparemment inactif, mais très densément réparateur, sur une plage, un coin de campagne, une terrasse de café, un jardin ensoleillé protégé des bruits et des regards.

Qui n'a pas expérimenté le réchauffement du cœur auprès d'un feu de bois ; dans la songerie, la lecture rêveuse, les conversations à bâtons rompus avec des amis sans malice ni vanité ? Qui ne connaît l'apaisement heureux éprouvé dans la proximité mystérieuse d'un chat, affectueuse d'un chien, gracieuse d'une oie ou d'une tourterelle, tendre d'un mouton, élégante d'un cheval ? Comment ne pas évoquer les dialogues intimes et indéfinis avec une pipe tout à la fois délice pour le goût et l'odorat, jeu pour les doigts, feu intime couvant dans le creux de la main ?

Comment ne pas faire une place toute particulière à la lecture à voix basse ou à voix haute, murmurée ou chantée, reçue dans l'esprit mais aussitôt dirigée vers l'âme, recherchée dans une page et trouvée dans le texte ? au commerce avec les livres lus et sus « par cœur » ?

La *lecture* est utile à la pensée et au savoir : textes philosophiques ou scientifiques ; nécessaire à la distraction : romans d'aventures ou policiers. Mais elle est vitale pour l'intériorité : textes poétiques, confidentiels, allusifs, prophétiques, spirituels ; livres de vie, livres sacrés, accordés « au plus intime de notre intime » ; texte apte à « jouer de notre âme », à ouvrir les portes et les fenêtres de la maison et à nous inviter à l'habiter pleinement ; à dilater le cœur, à amplifier la respiration, à éclairer le regard.

Chaque grande religion est bâtie autour d'un livre : la Bible, l'Évangile, le Coran, les Upanishads. Mais une attention doit être portée à la manière dont on en fait lecture : rêveuse et poétique, en « esprit et vérité », pour le bonheur de l'âme ; intégrale et intégriste, au grand dam de la vie intérieure et au péril de l'anéantissement suicidaire de son esprit propre.

Je souhaiterais que l'on ait perçu que la *pensée méditante*, ainsi que la nommait Heidegger, n'est nullement l'apanage des esprits religieux et encore moins des intellectuels. Elle obéit plutôt à des lois analogues à celles de la nutrition ou du développement, mais aussi des éventuelles dégradations et régressions du corps qu'à celles de la rigoureuse combinatoire de l'intelligence ou de la stratégie retorse de la « libido d'objet ».

Il ne s'agit pas ici de l'art et la manière de se saisir du monde pour l'utiliser, l'exploiter, en jouir, le transformer. Le registre narcissique qui est évoqué ici est celui de

« l'enchantement du monde » (Gauchet), du rapport heureux et fécond à soi-même. On parlera ici de l'amour de soi, de « soi comme un autre » (Paul Ricœur), du « souci de soi » (Michel Foucault), d'une appropriation dans l'imaginaire de représentations et d'objets à forte charge symbolique.

Ces objets, on l'a dit, sont les héritiers directs de l'objet transitionnel ou, si l'on veut dire plus simplement, du « doudou » de notre petite enfance. Ces doudous sont devenus les « dadas » de l'adulte dont on aurait tort de sous-estimer la fonction créatrice, réparatrice et fondatrice de notre singularité et donc de notre subjectivité irréfragable faute d'en mourir. Le corps, absenté de ce qui l'anime, se trouverait réduit à « l'abjection » d'une enveloppe caduque.

Je souhaite avoir convaincu de l'existence de l'âme, dans le sens où je l'entends ici : principe et instance, lieu symbolique d'où l'être tire son animation et sa singularité, selon des règles joueuses, enchanteresses, qui ne sont pas les mêmes que celles, structurales, de son rapport objectif au monde.

Sans doute faut-il aller plus loin et préciser les *fonctions* de ce « lieu » fondateur et animateur. Ce que nous évoquerons ici s'inspire tout à la fois de ce que la clinique nous apprend sur les personnalités dépressives ou « comme si », « sans psychisme » dit-on parfois, « sans âme », pourrait-on dire aussi, et de ce que la psychanalyse a mis au jour concernant les premiers stades de la vie affective du petit enfant.

L'établissement et le développement de la vie intérieure ont d'abord fonction d'*individuation*. Le petit enfant se détache de sa mère en « mettant du jeu » entre elle et lui. En jouant il supporte cet écart avec sa mère et se crée un monde à lui, empruntant tout à la fois, et dans une sorte de va-et-vient, à ses rêves et au monde réel. Dans ce travail entre « rêve et réalité » (Winnicott), il échappe aux pièges de la dépendance ou de la confusion. Il en est de même chez l'adulte qui, après une traversée dépressive, a pris de la distance vis-à-vis de ses idéaux, des personnes de son entourage qu'il idéalisait et avec qui il entretenait des relations de dépendance et de besoin. Il en vient à laisser se déployer sa vie fantasmatique, à s'approprier ce qu'il aime « pour en faire son affaire ».

Tel sujet conformiste et dépendant du regard d'autrui s'autorisera à être lui-même, à interroger ses rêves, à avoir quelques considérations pour ce qui ainsi s'anime en lui. Tel autre, précipité, affairé à se distraire, à consommer, à produire, change de tempo, plus à l'écoute de sa pulsation intérieure que des rythmes infernaux de « l'industrie du vide » ou de « la société du spectacle ». Ainsi prend forme et couleur le monde intérieur de chacun, son établissement comme individu séparé et distinct. Il s'établit un processus de personnalisation. Ce monde intérieur, cette vie de l'âme, ces images joueuses, si le sujet peut se les représenter et permettre à autrui d'y avoir accès et de les partager, on les évoquera en termes de *personnalité*.

L'*individu* est un être ayant acquis sa capacité à vivre séparé ; la *personne* est un être humain dont on affirme le droit, au moins potentiel, à la dignité et à la singularité (« le bébé est une personne », l'être humain même très dégradé par l'âge et la maladie est une personne humaine). Le terme de *personnalité* signifie que l'individu a vu naître et se déployer en lui une vie et un monde singulier, irréductible à aucun autre et qu'il peut se représenter non comme un personnage figé et définitif, mais comme un être en développement incessant. Quant au *sujet*, c'est l'avènement du langage et sa capacité à dire son désir qui le qualifient. En bref, la *personne* serait un concept de droit, l'*individu* un être séparé des autres, la *personnalité* un individu dont la couleur et les formes, les singularités de sa vie intérieure, le différencient de tout autre, lui permettant en cela de dire « moi ». Le *sujet* serait celui qui, par l'élaboration de son désir et la conquête d'une parole propre, serait capable de dire « je ». Mais ceci est une autre histoire... Le « je » est affaire de désir, de libido d'objet. Le « moi », sa couleur, sa forme, sa vie, son développement, son déploiement, ses jeux, mais aussi ses possibles régressions, son étiolement, sa mort, est affaire d'âme, d'amour de soi, de narcissisme de vie ; donc question de vie ou de mort.

A cette âme, à cette fonction du narcissisme de vie, revient aussi l'*intégration* de la personnalité : de la *personnalité somato-psychique* d'abord avec l'union indissociable de l'esprit et du corps, sans quoi on ne peut parler d'âme. L'âme est « chevillée au corps » ou plutôt sans doute est-elle la cheville même entre la vie de l'esprit et la vie du corps. Quand un être « rend l'âme », son corps retourne à la poussière. Il pourra rester des traces de son esprit dans les livres, les mouvements de pensée, les avancées du savoir. On sait où trouver la pensée de Flaubert, d'Einstein ou de Marx. Mais leur âme ? Question obscure, absurde en l'absence du corps dont elle était la cheville ouvrière, la clé de voûte. C'est sans doute par cette obscurité, cette absurdité qu'il faut expliquer la naissance du concept dogmatique d'immortalité de l'âme en un paradis qui ne s'identifierait pas avec le souvenir dans l'esprit des survivants.

Les fonctions de l'âme ne se limitent pas à l'intégration du corps et de l'esprit. Elles assurent aussi *l'intégration de la personnalité psychique* dans sa globalité. La clinique des psychoses, mais aussi des perturbations dépressives du narcissisme, nous montre comment des personnalités peuvent se trouver « dissociées » comme dans la schizophrénie, mais aussi seulement « clivées », comme dans les maladies dépressives ou psychosomatiques (Bergeret, Marty) : esprit d'un côté, corps de l'autre ; mais également dans les personnalités « comme si » (faux self) séparées du vrai par une cloison peu perméable ; ou bien encore dans certains troubles de la personnalité où coexistent, juxtaposés, un secteur adaptatif et un secteur magique (Kohut), fonctionnant avec un minimum d'échange entre eux (pensée à l'étonnante irrationalité et crédulité de certains savants ou ingénieurs de haut niveau).

Cette fonction d'intégration apparaît en effet dans toute son importance quand elle vient à défaillir, quand un épisode pathologique fait apparaître ce « défaut fondamental » (Balint). La clinique psychanalytique et psychiatrique abonde sur ces états où l'esprit « boude » le corps, où des cryptes, isolées du reste du moi, cachent des chagrins ou des deuils enfouis, des « mauvais objets internes », encapsulés, hors d'atteinte du souvenir, du langage, de l'affect même : activité « à corps perdu » du dépressif, incapacité pour lui de rejoindre affectueusement son corps le soir venu (insomnie), d'écouter le rythme fondamental de sa vie affective : anarchie de l'alimentation du boulimique ou de l'anorexique, indifférence ou insignifiance débridée de la vie sexuelle sans âme et sans amour réduite au « plaisir d'organe » de la génitalité.

L'amour est en effet affaire d'âme. Boris Vian écrivait avec l'intuition provocatrice des poètes : « Sexuellement, c'est-à-dire avec mon âme. » Le génital est affaire d'organes ; sans doute aussi ce que l'on nomme le « sexe ». Mais la sexualité de l'homme et de la femme, l'amour donc, requiert que s'y mêlent les formes et les couleurs singulières de l'âme, c'est-à-dire les chatoiements de la personnalité de chacun dans sa vivacité et son déploiement.

La vie intérieure ou, si l'on veut parler d'une manière pédante, l'élaboration intrapsychique, ou si l'on veut dire plus simplement et à l'ancienne, l'âme — l'âme donc est l'espace où se créent des liens, non seulement entre le corps et l'esprit, mais entre les différents « lieux » de l'être. Là *s'élabore* la singularité du désir. On ne s'étonnera donc pas que lorsqu'elle vient à défaillir, lorsque le sujet se retrouve « la mort dans l'âme », la majesté tranquille du mouvement désirant fait place à une multitude disparate et souvent contradictoire de besoins partiels et de velléités vibrionesques. Bien plus, faute d'unité et de continuité dans l'élan, la pulsion ne prend pas le chemin de l'objet et s'éteint dans les satisfactions empressées d'une multitude de besoins. Le cheminement vers le plaisir et ses délicieux glissements est court-circuité par une recherche de sensations immédiates dans un plaisir « flash », plaisir d'organes dit-on aussi, selon les séquences bien connues en toxicomanie : besoin, consommation, flash, relâchement et... retour rapide à la case besoin. Il s'agit ici de combler directement le vide psychique, la vacuité de l'âme par une incorporation immédiate, la satisfaction étant retirée non de la spécificité et la singularité de l'objet, mais de la sensation de régression, d'envahissement, d'embrasement qu'il déclenche. On comprendra cela aisément pour l'héroïnomanie, ou certaines formes d'alcoolisme et de boulimie où la qualité de la boisson ou de l'aliment ne compte en rien, face à la nécessité de « remplir » ou d'« assommer », afin d'être bien « plein ».

Il nous semble qu'on peut élargir cette conception du « plaisir sans objet », pour « personnalités sans psychisme » (ou pour dire autrement, pour âmes mortes ou absentes), à d'autres activités où le sujet se met en quête de sensations fortes sans égard pour la réalité du monde extérieur et de son être propre.

On a souligné par exemple que les coureurs automobiles, contrairement à ce que l'on pourrait penser, n'ont pas de fascination particulière pour la mort, mais qu'ils seraient dépendants de certaines sensations internes et impressions intenses pour lesquelles le risque de mort serait le prix à payer, sans être véritablement recherché en tant que tel. On pourrait en rapprocher l'usage à risques de la moto ou de voitures chez les jeunes gens dont on connaît par ailleurs les tropismes suicidaires. Il en est de même de certaines dépendances aux jeux, où l'appât du gain (tout joueur sait qu'il est forcément globalement perdant) n'a guère d'importance à côté des sensations d'angoisse, de tension, de relâchement, d'aisance, de toute-puissance ou de déchéance éprouvées dans les salles de jeux.

Certains comportements de « gagneurs » ou de « conquérants » en affaires ou en amour, par exemple, paraissent plus inspirés par cet effet de jeu, donc par une recherche d'émotion dont l'âme morte a besoin pour se sentir exister, que par le plaisir de la possession de quelques millions supplémentaires ou de quelques femmes en plus.

On voit que selon la formule d'Héraclite « à l'âme appartient le *logos* (nous dirons le désir) qui croît à mesure » et que lorsqu'elle défaille le sujet se trouve livré aux éparpillements dans les brèves sensations et les plaisirs partiels et morcelés.

La fonction d'intégration de la vie psychique de base dans cette zone, désignée par Winnicott sous le nom d'« espace potentiel » et par Balint sous celui de « défaut fondamental », nous paraît donc essentielle pour assurer l'élémentaire *amour de soi* comme être unique et unifié, vivant une histoire singulière. La vivacité d'âme est aussi la condition indispensable de *l'amour de l'autre* et même tout simplement de la relation à autrui. Lorsque l'âme défaille, l'autre, on l'a vu, se réduit pour le sujet ainsi absenté, à un obstacle ou à un moyen vis-à-vis d'une satisfaction partielle et aussi immédiate que possible.

Ce n'est que dans l'intégration et l'amour de soi, comme être unifié, que peut se vivre l'amour et la considération pour autrui sur le même modèle d'amour unifié et apaisé pour soi-même. On peut entendre la formule évangélique : « aimer son prochain comme soi-même », non comme s'il y avait identité ou égalité de nature et d'intérêt, mais en termes de conditions nécessaires. On ne peut aimer l'autre que si l'on a réalisé l'unité aimante de soi-même. La formule peut d'ailleurs être inversée selon le titre d'un livre de Paul Ricœur, évoquant l'amour de « soi comme un autre ».

Il faut sans doute aller plus loin et accepter la position de Simone Weil dans *La Pesanteur et la Grâce*, considérant qu'accepter l'autre dans sa globalité et son intégrité c'est déjà l'aimer. Il faut sans doute en effet la présence de l'âme et un mouvement d'amour pour ne pas « trier » ou « fermer les yeux » devant certains aspects de la personnalité de celui ou celle que nous rencontrons. Il faut soi-même être bien intégré pour ne pas morceler celui qui nous fait face et

« cliver » chez lui ce qui est convenable et ce qui est incongru, aimable ou désagréable, réussi ou raté.

A cet égard, les traditions religieuses ont encore à nous éclairer par la place qu'elles font au *recueillement*. Au moment d'accomplir un acte significatif ou lors de la mise en présence d'une personne en état de souffrance, le Christ se recueille avant même d'agir ou de parler. On interprète parfois cela en termes religieux et « verticaux » de prières ou de méditations profondes. Il peut se comprendre de manière plus « horizontale », plus « au ras » de la personnalité propre, comme un mouvement d'éloignement des contacts et des besoins immédiats et de mise en dispositions intérieures propres à lever les clivages de l'âme et les dénis des réalités intimes. Se recueillir c'est cueillir à nouveau, rassembler, intégrer le tout de soi-même afin d'affronter les réalités extérieures complexes ou dures, sans en être soi-même désintégré.

Il serait intéressant de s'interroger sur la forme que prend cette fonction de recueillement dans la vie de la plupart de nos contemporains. Peut-être faudrait-il « voir » du côté de l'écoute de la musique, de certains bricolages sans précipitation, de certaines promenades rêveuses, comme nous les avons déjà évoqués.

Comme le recueillement, la notion d'*abandon*, au sens d'un relâchement heureux de la garde et de la vigilance, nous éclaire sur cette fonction intégratrice de l'âme et de la vie intérieure. On sait que cette « reddition » est la condition d'un accès aux fonctions fondamentales que sont le sommeil, le repos profond, mais ausssi cette « petite mort », l'orgasme. Ceux qui ont « la mort dans l'âme » s'éprouvent comme insuffisamment intégrés pour se permettre ce relâchement, surtout en présence d'un autre, ce qui est le cas souvent dans le sommeil et toujours dans l'orgasme. Il est à noter d'ailleurs que l'anorgasmie disparaît souvent lors des pratiques solitaires... C'est ici le lieu de rappeler cette « capacité à être seul en présence d'un autre » où Winnicott lisait le signe de la bonne santé psychique et le dépassement de la position dépressive.

L'âme, lieu où le « *logos* croît à mesure », n'est pas un lieu inerte, apte seulement à assurer une existence individuelle et unifiée. C'est aussi le lieu où « la nuit remue », où s'élaborent les liens entre des représentations et des affects ou, si l'on préfère, des pensées, des images, des sensations, de même que les liens, les associations entre des images, des pensées, des sentiments entre eux. Ce qui en nous tout à la fois se maintient et change comme le fleuve héraclitéen, cela qui donne forme et couleur à notre personnalité, se met en œuvre dans ces « replis du cœur » (Henri Michaux), selon un grand remuement dont nous n'avons conscience que dans des circonstances particulières de notre vie : à l'heure des choix, au moment où se produit du nouveau, une œuvre de création, un mot d'esprit, un instant de grâce, de bonheur, de séduction.

« La vie c'est par moment », écrivait Georges Perros. La grâce apparaît ainsi, c'est vrai, de façon intermittente ; et pourtant c'est en continu que s'accomplit ce que Freud nommait le travail psychique *(Arbeit)*. C'est précisément cette continuité par le travail psychique dans l'élaboration de la vie fantasmatique, la création et le renouvellement des liens entre les sentiments, les mots, les images, qui assurent au sujet en bonne santé, à celui qui n'est pas absenté de lui-même et qui n'a donc pas perdu son âme, d'éprouver dans la joie le sentiment d'exister.

Il n'y a existence, au vrai sens du mot, que dans et par cette élaboration intérieure. En effet, dans les défaillances de la présence vivante à soi-même, la personne ne s'éprouve que comme une succession, sans lien intime, de sensations ou d'expériences soumises aux aléas des frustrations et des gratifications de la vie extérieure. Cette discontinuité du sentiment d'exister était repérée par Simone Weil dans *La Pesanteur et la Grâce* comme le vrai signe du malheur.

Ce travail psychique continu, cette vie de l'âme n'a pas seulement fonction de maintenance et de constance à la manière d'un système biologique d'homéostasie. Il a aussi, sur le modèle biologique, une fonction de *réparation*, de cicatrisation des blessures, que la vie implique nécessairement, dans le domaine du rapport à autrui (libido d'objet) ou du rapport à soi-même (libido narcissique).

La référence s'impose, ici encore, au concept winnicottien de « réparation de la mère » dont devient capable le petit enfant, au travers de la position dépressive. Par le jeu, dans « l'espace potentiel », il se répare lui-même de l'absence temporaire de sa mère, mais il éprouve également la capacité à rendre sa mère plus présente, plus proche, plus attendrie, plus rieuse. L'étonnement et l'émerveillement devant les jeux et les babils de son enfant sont tout à la fois réparateurs pour l'image que l'enfant se fait de sa mère et, en retour, pour le maintien et la séparation de sa propre intégrité. On voit que, très tôt dans l'évolution affective du tout petit, celui-ci est « concerné » par l'état de sa mère, lui donnant et recevant en retour joie, amusement, consolation.

Il m'est arrivé, il y a quelques années, d'assister dans un train à la scène suivante : il y avait dans le même compartiment que moi une femme accompagnée de son mari et de son enfant d'environ six mois. Après quelques mots échangés avec son mari, celle-ci s'est mise à pleurer. L'enfant lui a alors tendu son « doudou », comme s'il voulait lui apporter ainsi son pouvoir consolateur...

Il y a donc dans ces fonctions basales du psychisme, souvent qualifiées de narcissiques, mais aussi parfois d'*amour primaire* (Balint), une forme très profonde de maintien et de développement des forces de vie, au-delà des blessures et des aléas plus ou moins chaotiques de l'existence. Cette forme de *concern*, de solidarité pourrait-on traduire bien que le mot français soit moins dynamique que le mot anglais, une manière d'amour de la vie et de l'autre, avant même que les stratégies retorses du désir mature de l'adulte aient fait apparaître l'importance et la spécificité de l'objet d'amour.

A l'opposé de celui qui a « la mort dans l'âme », le sujet en bonne santé bénéficie d'une « vie dans l'âme », fondement d'un amour élémentaire du proche comme soi-même et aussi de soi-même comme un autre.

L'observation des troubles dépressifs de l'adulte, en lien avec nos connaissances des fruits de la position dépressive du petit enfant, nous amène aussi à prendre en considération un autre phénomène basal : ce que Winnicott nommait le *believe in something* (le « croire en quelque chose ») dans une « formule volontairement vague et incomplète ». L'intériorisation du « bon objet », l'appropriation des valeurs positives de l'environnement, l'introjection des expériences heureuses au-delà des désillusions de la position dépressive, permettent à l'enfant comme à l'adulte qui a traversé et dépassé une expérience dépressive d'éprouver une confiance en lui-même qui garde, en quelque sorte « au-dedans », la trace de ce qu'il a reçu de bon « du dehors ». Il éprouve en lui une bonté qui se souvient d'une autre bonté en dehors de lui et dont en quelque manière elle procède. Winnicott nomme ce sentiment heureux et élémentaire « la bonté originelle » par opposition au concept de « péché originel » qui n'avait pas ses faveurs. Soulignons encore que, dans cette pathologie ou ces expériences psychiques, les phénomènes se déroulent dans un registre prégénital, c'est-à-dire prélangagier et pré-objectal, au sens mature du terme. C'est pourquoi, comme le concept de réparation, celui du *believe in something* est « vague et incomplet », non descriptif et explicite, comme il en serait, pour désigner un mécanisme moins archaïque, celui de l'amour ou de l'agressivité mature par exemple. Dans sa maturité le sujet humain aura la capacité de dire, de décrire, parfois avec détails et nuances, ce à quoi il croit. Mais, selon Winnicott, ces croyances précises viendront se greffer sur une base plus ancienne et plus profonde, sans la présence préalable de laquelle toute éducation, religieuse par exemple, serait une « injection artificielle » de valeurs et de superstitions (au sens propre : posé par-dessus).

Si les croyances et les convictions philosophiques ou politiques sont affaire d'intelligence animée par un désir de vérité, la « croyance en quelque chose », la foi dirons-nous (dans une formule aussi « vague et incomplète » que celle de Winnicott) est affaire d'âme et tire son origine d'un en deçà du langage et des choix d'objets.

La clinique des états dépressifs ou des états limites rejoint ces considérations métapsychologiques. Dans l'abaissement ou la désespérance dépressive mais aussi dans les éparpillements ou les soumissions prédépressives, ce n'est pas la religion ou les croyances philosophiques ni les convictions qui font défaut. Souvent même elles surabondent sous la forme d'adhésion angoissée à des systèmes de pensée ou à des modes d'emploi de l'existence auxquels le sujet absenté de lui-même s'agrippe de façon désespérée, la « mort dans l'âme ». Pensons par exemple à la religiosité de certaines personnalités dites « suradaptées », clivées de la singularité de leur désir par un pesant faux self. Évoquons tout aussi bien les croyances irrationnelles magiques ou sectaires, auxquelles des esprits apparemment instruits sinon éclairés mais à « l'âme morte » viennent à adhérer, séparant cette pensée magique du reste de leur vie intellectuelle et de ce qui demeure de leur vie affective.

Pour conclure cette énumération de ce que la pathologie des états frontières nous apprend sur les fonctions de l'espace intérieur, de l'âme dirons-nous, j'évoquerai sa place dans les processus de *création*. Ce que j'entends ici par création englobe certes la production d'œuvres d'art, mais aussi les élaborations philosophiques, scientifiques, techniques, et encore les choix d'existence, de style de vie, et jusqu'à cette cristallisation singulière qui fait de chaque amour une « œuvre » unique dans son objet, son style, sa manière.

J'ai souvent dit ici comment la vie intérieure de chacun donnait « couleur et forme » à son désir singulier, à ses choix spécifiques, à sa manière d'être sinon à l'objet de ses choix. Certes le rapport objectif, objectal, au monde se fait selon les voies et les distributions d'énergie mise en place par la problématique œdipienne, c'est-à-dire l'organisation mature de la vie affective. Cela est vrai pour la désignation de celui ou celle qu'on aime mais aussi pour la mise en action de bien des choix et orientations qui pourraient paraître marqués essentiellement par la « simple » rationalité.

Mais avant même l'établissement de ces rapports, la désignation de ces objets, la mise en œuvre de ces plans d'action, quelque chose prend son style et sa matière dans les zones plus obscures de l'être. On désigne cela sous le nom de mystère, de charme, d'aura, de don, de charisme, de génie parfois. C'est une forme de présence au monde, rêveur, joueur, intuitif, « enchanté », rendu possible par une bonne qualité du rapport à soi-même et une attention tranquille, une disponibilité fluide à ce qui s'y anime.

Que la création dans ce sens très large du terme, cette élaboration intrapsychique, pour reprendre la terminologie freudienne, soit le fait d'un retour à des formes archaïques et profondes de la vie de l'esprit, il n'est, pour s'en convaincre, que d'évoquer les situations où elles se produisent préférentiellement : dans la régression, la rêverie, le sommeil porteur de rêves, dans les activités qui, sur le modèle de la méditation religieuse, mettent en éveil le corps sans accaparer l'intelligence ou les facultés d'adaptation immédiates : promenades, bricolage simple et sans hâte, rêverie au bord de l'eau ou dans un jardin, présence chaleureuse d'une pipe ou affectueuse d'animaux familiers, tels que nous les avons évoqués. Un de mes maîtres faisait remarquer combien l'admirable *Penseur* de Rodin, tout entier crispé dans chacun de ses muscles, n'aurait pu que produire une pensée combinatoire et opératoire et non une quelconque œuvre de création qui aurait requis préalablement qu'il se détende un peu...

Les situations de retrait, de repli, d'éloignement social, d'inactivité pratique, de régression donc, sont recherchées par qui veut faire advenir du nouveau en lui, dans sa vie, dans son œuvre.

Or, là encore, la clinique des troubles limites-dépressifs

confirme pleinement ces considérations sur la créativité comme phénomène du registre narcissique, par l'observation de ce qui fait défaut chez ceux qui en sont atteints. Dans les états prédépressifs qui s'observent avant la chute mélancolique, on relève souvent une activité intense, une insertion et une adaptation sociale étroite, mais une forme d'absence à soi-même qui font des sujets ainsi organisés des personnages assez énigmatiques, même parfois pour leur entourage proche. Quant à la traversée dépressive elle-même, elle est souvent marquée par le maintien d'une assez bonne capacité adaptative, voire productive, mais à l'opposé, par la disparition des couleurs de l'esprit, de la musique de la voix, de l'harmonie du geste et des mouvements, de la lumière du regard.

Cela évoque une maison où les murs, et même les installations voire les meubles seraient en place, mais qui serait déshabitée, désertée ayant perdu son âme, avec le départ de ceux qui y vivaient. L'esprit, le propos, le discours dépressifs sont ainsi : rarement dissous ou morcelés, mais monotones, appliqués, plaqués, mécaniques, compacts, privés de la musique du verbe, de la danse des idées. « Méfie-toi de celui qui n'a pas en lui une petite chanson intérieure, écrivait Shakespeare, celui-là est prêt à toutes les trahisons. » « Je ne croirai qu'aux vérités qui dansent », confirmait Nietzsche.

Celui qui souffre d'une âme morte, d'une âme en peine, celui qui a « la mort dans l'âme », est apte à comprendre et à se soumettre, à s'adapter. Le défaut est ailleurs, plus profond, « fondamental » (Balint), dans l'éclipse de son âme et de ses facultés à faire advenir le nouveau par charme, par grâce, donner lumière et vie dans son être, dans sa maison.

La démonstration se complète lorsqu'on évoque le *new beginning* (Balint), le nouveau commencement, qui suit fréquemment l'émergence de la traversée dépressive. Ce qui est alors retrouvé, plus encore que la force, l'énergie, l'intelligence, c'est la capacité d'imaginer de nouvelles solutions, un autre style de vie, une manière différente de parler et d'entrer en relation avec autrui. C'est alors que se fait souvent jour un goût nouveau pour la création au sens strict du terme : pour l'écriture, la peinture ; mais on souhaite aussi créer ou renouveler une institution ou plus simplement le décor de sa maison ou la disposition de son jardin. Celui-là qui, durant sa traversée dépressive, mais aussi avant, dans la période de suradaptation et de clivage qui la précède souvent, paraissait énigmatique, quasi inconnu, se révélera ici, dans le nouveau et l'étonnement, aux autres, mais aussi à lui-même.

Sans doute faut-il préciser que ce qui se produit dans le réveil de l'âme ne pourra prendre réalité commune, communicable et partageable, utilité et reconnaissance sociale, efficacité relationnelle, que par une *réélaboration* obéissant aux règles matures du *langage et de la relation*. Le travail et le fruit du narcissisme, du réveil de l'âme, devront passer, pour être communiqués, par les voies de la problématique œdipienne, faute de quoi ils ne demeureraient qu'une sorte de bref feu d'artifice à usage privé.

Ce mouvement d'« œdipianisation » est le garant et la nécessité d'une véritable appropriation de ce qui est ainsi « trouvé » et créé. C'est dans un langage partageable que la parole renouvelée, l'inventivité, le *new beginning*, seront intériorisés et intégrés à la personnalité de celui chez qui ils se sont produits. C'est ce mouvement de reprise dans le langage commun qui transformera cette effusion quasi mystique en œuvre de personnalisation ou d'acculturation.

Pour synthétiser ce que nous apprend l'observation des personnalités frontières ou prédépressives, ou dépressives, et l'interprétation des mécanismes en cause, nous pourrons souligner que les troubles se situent dans le domaine de l'établissement et du développement de la personnalité. J'ai souligné comment les processus de personnalisation prennent leurs racines dans des formes élémentaires et basales du fonctionnement psychique qui ont été nommées, selon les auteurs de référence : « espace potentiel », « défaut fondamental », « position dépressive », « position prégénitale », « position archaïque ». Pour notre part, nous avons choisi de parler ici en termes d'âme qui exprime mieux le caractère animé, germinatif, fluide, transpersonnel, de cette figure de l'esprit.

Il a, à nos yeux, l'avantage de se prêter à des perspectives évolutives et économiques : nourrir, perdre, oublier, négliger, retrouver son âme. Ce terme a aussi l'avantage de sa filiation vis-à-vis de nombreuses traditions culturelles, spirituelles, religieuses, dont on aurait tort de négliger le profit que l'on peut en tirer pour la compréhension des phénomènes que nous étudions ici.

Dans le même esprit de synthèse, c'est en quelques mots que nous avons rappellé que la fonction de cette âme, singulière à chacun, est d'assurer au sujet humain une existence individuelle au-delà des dépendances extérieures, ou de la « tyrannie des objets » ; une intégration du corps et de l'esprit, mais aussi de l'ensemble de la personne, dans ses multiples composants, lieux, fonctions psychiques ; de permettre l'élaboration dynamique des sensations, des pensées, des expériences ; de produire une réparation progressive et dynamique des blessures impliquées par l'existence, en soi, mais aussi en l'autre ; d'être la matrice de toutes foi et convictions et de protéger ainsi du nihilisme ordinaire par une « croyance en quelque chose » ; d'être enfin le lieu où s'élaborent en profondeur et en continuité les processus de création de tous ordres, même si la concrétisation et le partage de toute œuvre passent obligatoirement par le « défilé du langage » commun au travers d'une problématique plus mature issue des affrontements avec le complexe d'Œdipe.

Après les névroses, les psychoses, les états limites, il convient à présent d'aborder le délicat problème de la quatrième grande situation psychopathologique : *les perversions*. Délicat car les perversions ne sont pas seulement, aux yeux du psychiatre et du psychanalyste, ces raffinements et ces complications diaboliques du désir ou du plaisir qu'on imagine parfois.

Certes il y a le plaisir recherché dans des conditions bizarres, cruelles ou répugnantes, mais cette recherche est en rapport avec des perturbations plus profondes de la personnalité qu'on ne le pense généralement. On sait bien que le pervers cherche des plaisirs insolites ou « contre nature », avec un acharnement implacable dont les faits divers nous font régulièrement les témoins abasourdis et horrifiés : viols d'enfants, tortures, violence d'apparence gratuite, pornographie requérant les « services » d'enfants ou d'adolescents.

L'étonnement s'accroît encore lorsque nous apprenons que ces actes sont parfois le fait de personnes ne menant en rien l'existence divaguante des grands aliénés de l'esprit ou de l'intelligence. Tel meurtre d'enfant a pu être commis par un père de famille respecté dans sa profession ; tel tortionnaire, un militaire apprécié pour sa discipline et son dévouement ; tel « amateur » d'« amour » pédophilique, un écrivain célèbre et célébré, bien au-delà des cercles littéraires et bénéficiant des honneurs et de la reconnaissance sociale. Le scandale fait place à la perplexité lorsqu'on apprend, souvent sur le tard ou après sa mort, que ce maître à penser, moralisant et théorisant sur le sort des exclus de la société, était un familier des saunas spéciaux et un amateur d'attirail sadomasochiste ; que ce commentateur de la littérature, d'une sensibilité extrême alliée au plus grand raffinement de pensée, était entouré de très jeunes gens plus ou moins vénaux ; que ce donneur de leçons politiques et éthiques « échangeait » des adolescentes avec sa compagne.

Cette autre face de la réalité perverse nous permet de comprendre ses rapports avec la mort et le suicide. Le pervers au sens strict du terme n'est pas seulement et principalement quelqu'un qui recherche avec constance et insistance des plaisirs insolites : fétichisme, sadomasochisme, pédophilie, homophilie. En effet ces pratiques, qui représentent des régressions ou fixations à des stades archaïques de la sexualité, se rencontrent de manière passagère ou accessoire chez les sujets au développement affectif normal, chez qui elles représentent souvent des préliminaires à une relation érotique ou amoureuse au sens classique du terme. Lorsque ces pratiques envahissent la vie affective de ces personnes, elles déclenchent une angoisse, une culpabilité, une inhibition qui en limitent l'extension, au profit de choix sexuels plus matures. La psychanalyse révèle que ces potentialités existent chez tout un chacun mais demeurent à l'état latent par le jeu harmonieux de la problématique œdipienne.

La spécificité perverse n'est pas principalement liée à un mode de fantasme ou même de pratique sexuelle archaïque. Elle n'est pas du même registre que les perversités partielles ou occasionnelles. Elle se situe, comme les aliénistes classiques l'avaient repéré il y a longtemps, dans l'absence d'angoisse et de culpabilité consciente vis-à-vis de ces pratiques avec, souvent, l'affirmation de leur caractère licite, bénéfique, généralisé ou généralisable.

C'est aux trouvailles freudiennes que vient le mérite d'être allé plus loin dans la compréhension des mécanismes en cause. Sans entrer dans les détails psychodynamiques, j'indique ici seulement que chez le pervers « l'angoise de castration » est désavouée et, inconsciemment avec elle, la loi dont elle est une manifestation sociale. Selon un mécanisme plus radical que le refoulement, la signification de la différence des sexes est désavouée et le sexe de la femme « dénié » au profit d'une fascination fantasmatique sur l'organe masculin, sur le pénis.

Ce désaveu de la loi fondamentale : la différence des sexes et des générations, se traduit non seulement par un désintérêt pour les relations habituelles avec un sujet de l'autre sexe et par l'orientation vers des formes archaïques de choix d'objet, mais tout autant par une recherche de maîtrise imaginaire sur cette défaillance maturative. Non seulement le pervers cherche un objet d'amour à son image ou à l'image de son objet fétiche, le pénis, mais il tente intensément d'imposer à autrui la validité, voire la sublimité de ses propres choix. Les personnalités perverses au sens strict du terme ne peuvent vivre leurs tendances comme des déviances ou un mal dont elles seraient affligées, ainsi que cela s'observe dans certains cas d'homosexualité névrotique par exemple, mais bien comme des états dont implicitement ou explicitement elles revendiquent la plénitude humaine.

C'est donc avec l'énergie d'un désespoir non reconnu, non avoué, qu'elles déploient leur esprit pour promouvoir en toutes sortes de domaines et non seulement dans le domaine sexuel, de nouvelles normes, de nouveaux modes de pensée ou d'expression selon une perspective englobante et généralisante. Cela peut prendre la forme d'un brio esthétique, d'une théorisation dogmatique, d'une construction gnostique ou d'une critique sociale radicale. Cet effort pour passer au-delà de la loi, dans une position surplombante et critique envers celle-ci dans une sorte d'identification au père imaginaire faisant la loi et disant le bien et le mal, donne lieu souvent à des œuvres remarquables.

Elles sont cependant caractérisées par un certain éloignement de la réalité commune, leur donnant souvent un brio factice et une prétention exorbitante aux positions critiques, dogmatiques, argumentées par un rigoureux appareil intellectuel ou démonstratif ou par une forme particulièrement séduisante du style.

Malgré la difficulté de décrire en quelques lignes la complexité et la profondeur des perturbations perverses de la personnalité, on comprendra aisément que les sujets ainsi structurés sont, comme on l'a dit, « toujours sur la brèche » (Guy Rosolato), oscillant entre loi et déchéance, celles-ci étant non vécues comme telles, mais comme sublime décadence faisant partie intégrante de la démarche perverse elle-même.

Le déni ou le désaveu de la réalité sexuelle et de la loi commune que représente l'existence perverse s'assortit d'un projet et d'une pratique permanents de critiques, de réformes, de contre-propositions qui font que ceux qui y sont attachés font figures de belles âmes ou de beaux esprits suivant que ce travail de contestation s'exerce dans le domaine des mœurs, de la morale, de la vie publique, de la pensée, des arts. Cet ouvrage incessant pour recouvrir la loi et pour reconstruire la réalité à l'image de son fantasme représente pour le pervers une vie de funambule permanent de l'esprit, de la pensée, du comportement, s'apparentant à une « danse au-dessus du volcan », où l'esthétique, le dogmatique, le moralisateur ou le sublime viennent inlassablement répondre à la déchéance ou à l'abjection.

Il faut donc comprendre que la structure perverse ne se manifeste pas seulement ni principalement dans les actes extrêmes que nous évoquions en commençant ce chapitre. Elle apparaît de façon moins horrible et parfois très séduisante dans nombre de positionnements, artistiques, philosophiques, moraux, esthétiques, culturels, suscitant l'adhésion souvent admirative ou fervente du public ou de la société. Ces prises de position, ces postures pourrait-on dire, attirent d'autant plus l'attention qu'elles sont avivées par une critique incisive et souvent magistrale des modes d'existence habituels et des pouvoirs en place. Pensons, par exemple, à la critique sociale par les délinquants, génialement illustrée par Jean Genet dans son œuvre et violemment dans ses prises de position publiques.

Les organisations perverses de la personnalité ne se réduisent donc pas à quelques rares monstruosités mais infiltrent largement la vie sociale ordinaire. Comme elles requièrent un rapport très « onéreux » et instable à la réalité (critiques et néopropositions), elles aboutissent assez souvent à des effondrements brutaux et inattendus. Le pervers devant en permanence se construire une « loi » à lui, celle de son désir et de son fantasme, il doit la faire prévaloir, l'orner et la promouvoir sur le mode esthétique ou rationnel.

Mais ce travail de magicien involontaire, de maître factice, se trouve tôt ou tard confronté au choc du réel : sous la forme d'une collision avec des risques sous-estimés ou celle d'un non-retour dans le commerce avec la chute, la catastrophe, la déchéance, lorsqu'elles échouent à se sublimer en décadence esthétique. Il faut comprendre en effet que pour le pervers la conduite à risques n'est pas un aléa malencontreux ou accidentel mais bien une partie prenante de ce dispositif, inconscient dans son origine et son mécanisme, tendant à nier et à désavouer la loi. Le jeu pervers a pour partenaire obligé le danger et la mort défiée.

On voit en cela les limites et les possibles détournements de la prévention de la toxicomanie ou du sida et, dans une certaine mesure, du suicide. L'échange des seringues ou les partenaires multiples, ou les conduites de moto à vive allure, ne sont pas un « faute de mieux » ou un inconvénient du scénario pervers. Ils font partie intégrante du surpassement imaginaire de la loi, la jouissance émotionnelle intense de la transgression de toutes règles, y compris celles de la prudence élémentaire, venant en lieu et place du plaisir objectal avec le cheminement et la reconnaissance de la réalité qu'il impliquerait.

Ainsi le rapport du pervers au suicide est particulièrement étroit. La destruction de soi-même n'est pas un avatar malheureux de l'existence perverse. Elle en fait partie intégrante au titre de partenaire, de répondant obligé. La violence des régressions sadiques et masochistes, le désaveu de la loi, de l'autre et de la réalité extérieure que la perversion implique ; la construction permanente d'une pseudo ou néo-réalité esthétique, souvent factice : politique, souvent totalitaire ; intellectuelle, souvent totalisante, spirituelle, souvent sectaire qu'elle conditionnne, ne peuvent trouver limite que dans la destruction.

La loi ne produisant pas sa fonction d'accordement du désir à la réalité, celui-ci ne peut que buter, en l'absence d'objet, sur le vide, le néant et l'abjection, même si ceux-ci sont idéalisés en termes de décadence esthétique ou de défi pseudo-éthique.

La conduite suicidaire fait tellement partie du phantasme pervers qu'elle se traduit assez rarement en un acte précis et irréversible. Elle prend plutôt la forme d'une succession de risques, sans précaution ni calcul, représentant une série d'appels à la mort mêlés à une affirmation implicite de toute-puissance.

Pour traduire ces données métapsychologiques, sans doute assez abstraites pour qui se situe en dehors des données freudiennes, il suffira sans doute d'envisager les conduites à risques de certains homosexuels pervers, de certains toxicomanes vis-à-vis de la drogue, du sida ; des conducteurs de voitures rapides ou de motos ; de ceux qui fréquentent les milieux marginaux.

On percevra que ces prises de risques, aux limites de la démarche suicidaire, ne représentent pas une rencontre malencontreuse avec la malchance, ou une audace calculée et ponctuelle appliquée par une nécessité d'occasion, mais bien un modèle de vie affective où, pour dire en un raccourci, les limites de la loi, désavouée avec la réalité sexuelle, sont remplacées par les limites de la mort.

Cette fonction de la mort partenaire dans la vie du pervers explique qu'il s'en débarrasse rarement d'un coup mais qu'il entretient avec elle une sorte de flirt dont l'issue est souvent aussi radicale qu'un suicide au sens habituel du terme.

Peut-on *tenter une synthèse*, terminant ce chapitre sur ce que nous apprend la psychiatrie au sujet des dispositions suicidaires ?

La pathologie mentale a été définie dans son ensemble par un de nos maîtres les plus éminents (Henry Ey) comme un trouble ou une perte de la liberté : perte de la liberté d'aimer ou d'être heureux pour le névrosé ; d'avoir une existence individuelle selon les mouvements singuliers de son âme dans les troubles dépressifs ; de vivre sa réalité intérieure et de prendre en compte, d'assumer, de transformer la réalité extérieure, dans la psychose ; d'accorder son désir à la réalité de l'autre dans la perversion.

Sans doute peut-on considérer le suicide dans ces diverses formes de perte de liberté comme une tentative pathétique pour s'échapper de l'emprisonnement pathologique comme le prisonnier d'une tour se précipiterait de tout son haut, échappant à son exclusion, au prix de sa vie. Jacques Lacan faisait remarquer que la mort par suicide est le seul acte qui ne passe pas par un « ratage » et représente ainsi un modèle de perfection totale dans l'agir humain par ailleurs toujours marqué par des demi-mesures et des compromis.

Tout se passe donc comme si le névrosé sans amour, le dépressif sans foi ou sans âme, le psychotique exclu du monde et de lui-même, le pervers implacablement soumis à la satisfaction de ses besoins, ne pouvaient percevoir que la liberté se trouve dans le chemin de toute une vie et non dans le saut définitif vers le néant. La pathologie mentale, maladie du désir privé de liberté par toutes sortes de travers et d'obstacles dans sa maturation, comporte en cela le risque inhérent d'un affrontement ultime et désespéré dans la mort, de cette liberté et de cette transcendance du désir. *Plutôt mourir que de ne pas aimer, de ne pas exister, de ne pas faire amitié avec le monde, de ne pas reconnaître l'objet de mon amour*, « semblent dire » respectivement le névrosé, le dépressif, le psychotique, le pervers.

L'intuition peut paraître juste, mais selon une perspective métaphorique, précisément celle qui manque aux malades de l'esprit. Ce « plutôt mourir » en métaphore signifie : « ce serait *comme* être mort que ne pas aimer, exister, épouser le monde, choisir son amour ». Mais le malade de l'esprit n'entend pas le « comme » et prend la mort au mot comme le « fou » de l'histoire à qui on demandait de « prendre la porte » et qui l'emportait sur son dos.

Ainsi la psychiatrie aidée de la psychologie et de la psychanalyse nous apprend que la mort réelle de soi-même par soi-même peut être le fruit d'une incapacité à réaliser la « mort » symbolique à soi-même et aux autres qui est le passage obligé de l'accession à la vie de l'âme et à la subjectivité singulière.

INDIVIDUALISME DE VIE, INDIVIDUALISME DE MORT

Après avoir envisagé les mécanismes psychologiques conscients et inconscients, puis les causalités psychopathologiques, j'en viens à examiner ce qui chez un individu peut représenter certaines dispositions au suicide.

Sans doute faut-il préciser ce que j'entends ici par *individu*. Évoquant plus haut les données psychanalytiques, je rappelais que le *sujet* est celui qui est capable de dire *je* en le faisant suivre d'un verbe signifiant une action, un engagement, une existence. J'indiquais aussi comment le terme de *personne* ou de *personnalité* désignait la représentation d'un sujet soit en terme de droit (« le droit des personnes »), soit en terme descriptif ou narratif (« voici comment je vois sa personnalité... »). J'indiquais aussi comment, avant même que l'on puisse parler de sujet, de personne ou de personnalité, l'être humain acquerrait dans les premiers stades de sa maturation, au travers de la position dépressive du petit enfant, un statut d'être séparé et unifié, selon un processus dit d'individuation.

L'individu serait donc en cela une forme élémentaire et peu élaborée de l'être humain, dégagé cependant de la confusion avec les autres et avec l'environnement extérieur mais dont la vie affective est marquée davantage par le besoin d'autonomie et d'autoconservation que par le désir d'expression et de relation qui qualifiera son développement ultérieur. C'est dans ce sens : un être unique et unifié mais non spécifiquement en lien avec autrui, que j'utiliserai le terme d'individu (être non divisé par les clivages archaïques ni par le refoulement, condition de l'élaboration du désir et du langage).

En d'autres termes, l'individu serait une île, parfois riche et confortable, mais dont les rivages limiteraient les ambitions et les élans. Le terme d'*individualiste* met encore davantage l'accent sur cette acception, soulignant le souci de ne pas se laisser influencer ni déranger par autrui tout en respectant la tranquillité et les choix du voisin. L'individualiste se distingue souvent aussi par la spécificité souvent assez riche et élaborée, précieusement cultivée, d'un style de vie, de pensée, d'existence. Nous avons fait remarquer aussi comment la civilisation occidentale présente, dénommée parfois « post-moderne », semblait promouvoir et renforcer les positions individuelles, voire individualistes, aux dépens de l'engagement social ou de l'intersubjectivité privée. Cette attitude est évoquée par des formules comme « chacun son truc », ou « c'est ton problème, c'est pas le mien ».

En référence à l'anéantissement suicidaire, les positions individuelles ou individualistes apparaissent d'abord comme une sorte de défense contre la dissolution confuse ou englobante. Ce mode de résistance membranaire, cellulaire, amibienne, pourrait-on dire, représente sans doute une manière de survie sporadique au sens étymologique du terme (comme les spores qui permettent au végétal de passer les rigueurs du climat). Son fonctionnement autarcique n'est pas sans favoriser un certain enrichissement ou en tout cas une protection ou une conservation intérieure. On voit cependant aussi comment ce système clos n'obéit pas en tant que tel à la règle des systèmes ouverts qui qualifient l'être vivant dont la fonction membranaire a tout autant rôle d'échange sélectif que de limite et de protection.

Ainsi sommes-nous amenés à penser que l'individualisme, forme psychologique culturelle et sociale du narcissisme, représente comme lui la double face de Janus : face nutritive et trophique du narcissisme de vie, de l'individualisme de vie pourrait-on dire ; aspect asphyxiant et s'engloutissant dans sa propre représentation du narcissisme et de l'individualisme de mort.

Plus que le contenu et les caractéristiques de tel ou tel type de style de vie propre à un individu, c'est bien la position même de l'individualisme qui me paraît concernée par les processus mortifères et suicidaires.

Sans doute peut-on distinguer entre ces deux aspects de l'individualisme, à partir du mode de leur établissement. Certaines positions individuelles nous apparaissent comme le reliquat durement fixé d'un processus archaïque d'individuation avant que ne soient pris les chemins de la personnalisation et l'accès à la subjectivité. Cet individualisme qu'on pourrait dire primaire et donc établi sur une sorte de prédicat, d'autant plus renforcé par les effets de mode qu'il est archaïque dans ses fondements, est donc peu soumis à élaboration et à critique.

En revanche d'autres individualismes farouches et peu accessibles aux influences extérieures nous semblent le fruit d'un processus continu de personnalisation irrigué par l'émergence d'une subjectivité singulière. Ainsi tel individu, qui nous paraît singulier, ne l'est que parce qu'il est continûment nourri d'une subjectivité désirante et loquace qui lui assure cette singularité indéfectible.

Il y a sans doute plus qu'une différence de style mais bien une différence de nature entre un individualisme sommaire et de commande, pratiqué par un être immature crispé sur le minimum d'identité dont il croit disposer et la singularité irréfragable du sage. Celui-ci, au terme d'un long processus d'individuation, d'introjection, de personnalisation, présente dans son existence le visage d'une originalité sans compromis comme il en serait pour l'œuvre originale d'un auteur qui ne saurait en changer une ligne pour complaire à qui que ce soit.

Cet *individualisme de vie*, de nature « germinative », proche de ses sources pulsionnelles, ne comporte pas de risque mortifère, en raison même de ce qu'il est le fruit de l'élaboration, de la pulsion, du phantasme, du désir au travers toute une vie. En revanche, *l'individualisme défensif*, quel que soit le contenu qu'il a charge de protéger, présente un risque au prochain heurt de l'éclatement mortel de la bulle plus gonflée d'importance et de suffisance que de rêves, d'expériences ou de conviction intime.

Il faut aller plus loin que cette métaphore mécanique de la bulle vide ou presque, explosant au moindre choc par opposition aux fruits ronds et fermes issus du lent travail de la germination et de la fructification. L'individu en tant que tel, c'est-à-dire n'étant pas divisé (« indivis ») par le sexe, le refoulement originaire, le langage ne peut, en cela, formuler son désir à partir de l'élan pulsionnel et se le représenter dans un travail de personnalisation. On voit que faute d'accroissement vivant et de germination de l'intérieur, tout conflit contient le risque d'éclatement et de dissolution. Nous rejoignons ici ce qui a été décrit plus haut sur le funeste destin des personnalités « sans psychisme » ou « sans âme », déshabitées...

La distinction entre l'individualisme de *principe* et celui d'*établissement* rend compte des dangers des effets de mode ou de mentalité collective qui prévaudraient en faveur du premier. La solitude de l'existence individuelle est un luxe qui n'est permis qu'à ceux que la maturité affective a conduits à un rapport à autrui « de l'intérieur » même si le masque est celui de l'indépendance et du lointain. L'individu autonome et *unifié* peut l'être par l'effet de son discours intérieur traversant les clivages et le « sexionnement ». Il peut au contraire être *solidifié* par fuite de l'autre, en lui ou au-dehors de lui, et crainte d'englobement, de dissolution, d'envahissement.

On voit que si on envisage les causalités individuelles du suicide, en dehors même des extrémités caricaturales de l'individualisme, c'est le style de vie, la manière d'être, le mode d'existence de chaque individu qui est en cause et conditionne d'éventuelles dispositions à s'autodétruire. Les statistiques sont évocatrices. Je rappellerai seulement les données dont j'ai fait état, extraites du rapport du Conseil économique et social de 1993. On y lit que les modes d'existence qui semblent prédisposer au suicide sont ceux où dominent l'isolement, la solitude et des formes d'individualisme, le plus souvent de fait et imposé, par opposition à la vie familiale, sociale ou communautaire : vie solitaire des personnes âgées, solitudes des célibataires, des veufs, des divorcés ; isolement des campagnards qui sont quatre fois plus en risque de se suicider que les Parisiens ; solitude des employés modestes qui sont particulièrement exposés eux aussi ; solitude également, quoi qu'on en pense, et individualisme aussi, ô combien ! des médecins chargés de responsabilités peu partagées qui se révèlent également appartenir à une profession exposée ; solitude des prisonniers qui se suicident quatre fois plus que la moyenne générale de la population en France ; solitude de l'homme toujours plus farouche que celle de la femme et dont la mort par suicide est plus fréquente que chez elle — dont j'ai souligné l'art de tromper son ennui, son esseulement par le maintien plus fort et plus fréquent des contacts familiaux, amicaux, sociaux, commerciaux, culturels ; mode de vie souvent solitaire et presque toujours individuel de l'artiste, du créateur, dont on sait également combien ils sont exposés aux effondrements dépressifs. Ainsi on pourrait dire que les dispositions au suicide sont liées au style de vie de chaque individu dans la mesure où celui-ci renforce précisément une tendance individualiste et solitaire.

Il faut tenter une explication. L'homme seul a pour compagnon permanent son double imaginaire, phantasmé et le plus souvent idéalisé. Ce double imaginaire, impensé, informulé, en grande partie inconscient, que la psychanalyse désigne sous le nom de *moi idéal*, peut venir à s'établir en primauté sur le sujet lui-même. Or rien n'est plus fragile qu'une construction idéale surtout si elle n'est pas formulée en paroles, en souhaits, en projets exprimés à un interlocuteur. Le moi idéal se bâtit et se soutient par un jeu de projection, de clivages, de dénis par rapport aux réalités extérieures et plus encore intérieures, c'est-à-dire aux sources pulsionnelles, phantasmatiques et aux formulations symboliques. C'est le monde des châteaux en Espagne et des moulins à vent de Don Quichotte.

Le face-à-face de l'individu avec son idéal informulé et en cela écrasant ne se prête pas à un travail d'élaboration, c'est-à-dire de raccordement du désir à la réalité à travers les multiples mécanismes que j'ai indiqués plus haut. Je les rappelle seulement ici : déplacement, isolation, liaisons et déliaisons entre les sentiments, les pensées, les images ; plus profondément encore ces mouvements de l'âme qui aboutissent à l'intégration, au *concern*, à la « réparation » de soi-même et de l'autre, à la création de « nouveaux commencements ».

Cette œuvre d'intériorité n'a de prise sur les idéaux qu'à travers le langage, lui-même tributaire d'un rapport à autrui non pas individuel mais bien intersubjectif. Par exemple celui qui s'imagine solitairement et « individuellement » être un grand homme d'État ou un grand écrivain ne pourra, en communiquant ses aspirations à un interlocuteur, que relativiser, aménager, amorcer une élaboration de projet ou de réalisation pratique passant forcément par le défilé du langage et de la parole et y laissant forcément « des plumes » qui se révéleront souvent être celles du paon et non de son plumage essentiel.

L'individu solitaire est donc en risque d'un rapport mystique à une image ineffable de lui-même et donc aussi d'une inversion nihiliste de ce mysticisme où le « rien », le *nada* du mirage évanoui, se retournera sur son corps propre dans le geste destructeur d'une régression « catastrophique » (Golstein).

On voit ainsi comment des existences individualistes apparemment protégées des soucis extérieurs, des efforts de sociabilité, des dérangements altruistes, peuvent entraîner une sorte de « court-circuit » entre le sujet placé dans cette situation apparemment tranquille et les exigences sans médiatisation et donc absolues d'une représentation idéale et magnifiée de soi-même. Cette réflexion métapsychologique freudienne sur le moi idéal me paraît éclairer notablement bien des déterminations repérées par la sociologie du suicide concernant le célibat, l'isolement rural, la solitude du prolétaire ou, dans un autre registre, du créateur ou de l'homme en charge de fortes responsabilités.

La solitude, faute d'être mortifère, doit s'accompagner de beaucoup de paroles adressées à soi-même, à un interlocuteur absent, voire à Dieu et à ses saints !... L'individualisme solitaire est nécessairement loquace dans la pensée, l'écriture, la lecture, l'évocation des amis présents ou passés, la méditation, la prière...

Ainsi y a-t-il, comme pour le narcissisme, des dispositions individuelles ou individualistes de vie ou de mort. L'individu farouchement défensif contre tout empiétement sur son quant-à-soi, loin de se trouver protégé, court le risque du vertige de mort, le risque de se trouver saisi et dépossédé de son désir singulier dans une captation imaginaire par ses idéaux. En effet, sa vie pulsionnelle et phantasmatique ne trouverait à se déployer pleinement que dans le champ relationnel et dans un rapport verbal, désirant ou antagoniste avec autrui.

Cette disposition de l'esprit où le sujet se veut imaginairement solitaire et suffisant l'expose tout particulièrement à la *douleur psychique*, forme suicidaire de la souffrance. Elle est provoquée, comme l'a souligné André Green, « par une déception reçue dans un état d'impréparation », « dû au déni des signes de changement de l'objet jusqu'au moment où survient l'impossibilité de maintenir le déni ». Le sujet muré ou aveuglé dans son individualisme verra soudain la présence de l'autre, la perte ou la modification d'un objet, comme une effraction brutale, intolérable parce que non préparée par un travail psychique. L'objet perdu ou modifié n'étant pas inclus dans un travail de deuil est au contraire « séquestré par le moi », « qui s'enkyste avec lui dans une sorte d'unité algique » (A. Green). « Je te garde dans moi comme un oiseau blessé » (Aragon).

Ainsi se dessinent deux destins bien différents de l'individu dans son établissement, son maintien, son développement, son rapport à autrui, et aussi ses éventuelles dispositions au suicide. Dans les deux cas il se vit comme distinct, irréductible à aucun autre et attaché à ne pas se confondre avec l'environnement.

La différence me paraît se situer dans leur rapport à la personnalisation comme processus permanent, mobile et fondateur ou à la personne comme statut de droit et en quelque manière transcendant. L'individu tirant son origine et sa fin, son individualité, sans référence à une démarche d'établissement et de développement personnel, pourrait être qualifié d'individualiste radical puisque cette position de « distinction » résume ses aspirations et son comportement. C'est chez lui que l'on pourra observer la fascination muette et mortelle par sa propre image absolutisée et magnifiée dans le silence et la méconnaissance de ce qui opère ainsi. Il est en risque de *douleur psychique mortifère* dans l'impossibilité qu'il est de prendre sa douleur en souffrance, son mal en peine, sa peine en chagrin, son chagrin en élaboration de deuil ou en réparation créatrice.

En revanche, celui dont l'individualité s'origine et s'appuie, non sur une identité figée, mais sur un processus continu d'individuation, de pesonnalisation, peut être considéré non comme un individualiste de principe et défensif mais plutôt de fait et de développement.

Je suis ainsi amené à préciser ce que j'entends par processus d'identification et de *personnalisation*, véritable « scénario » en développement par rapport à ce qui serait la vue « fixe » d'une *identité figée*.

L'élaboration d'une personnalité n'est pas sans analogie avec la construction d'une ville au fil des siècles. Chaque initiative de ses habitants présents et passés ; chaque rencontre avec les habitants des pays proches ou plus lointains ; chaque invention ou chaque découverte ; chacune des nécessités extérieures ou intérieures auxquelles elle a dû faire face, a donné à la ville, au fil des temps, une physionomie où un observateur attentif pourra lire la trace de ses aspirations, les cicatrices de ses malheurs, le génie de ses capacités créatrices ou réparatrices, les formes et les couleurs de son esprit singulier — on dit parfois, concernant une ville, de son *âme*. A contrario, pour comprendre ce que serait une individualité ou une identité figée, on peut évoquer certains isolats urbains constitués de toutes pièces, et une fois pour toutes, qu'il s'agisse de « villes nouvelles » à usage d'habitation pour populations transplantées, ou de cités de loisirs ou d'affaires rigoureusement construites pour un usage limité et ponctuel, laborieux ou ludique.

Par cette imagerie métaphorique, on comprendra sans doute la distance qui sépare la *personnalisation* issue du désir, des initiatives, des aménagements, des heurs et des malheurs, des rencontres, des échanges d'un être de désir, de relation et de langage, et la *fixité identitaire* crispée sur des idéaux inaltérables et intemporels. C'est cette identité fixe qui mérite véritablement à mes yeux l'appellation d'*individualisme*.

On voit aussi comment ce masque identitaire isole le sujet ainsi « protégé » de la réalité extérieure dont il viendra à méconnaître les changements et les évolutions. Il le sépare aussi des réalités intérieures, de la présence animée à soi-même ; de son âme donc, mobile, changeante, intégratrice, créatrice, réparatrice. C'est l'âme qui par le jeu des images et des sentiments, par le courant de la parole pleine et vive, viendra relativiser, nuancer, humaniser les idéaux, les rendant donc en cela partageables et leur enlevant ainsi de leur tyrannie muette et totalisante. Quand l'heure de l'épreuve et de la déception, de la perte d'objet arrivera, par un effet d'insistance du réel extérieur ou des réalités intérieures, c'est l'âme en sa constance et en sa vaillance qui assurera la permanence du sujet au-delà de ces aléas de l'existence extérieure et le prémunira de s'identifier à l'objet, au projet, à l'illusion perdue, c'est-à-dire d'être renvoyé au néant.

Un autre aspect de l'individualisation par personnalisation mérite d'être souligné. On a vu comme la physionomie d'une ville, image de la personne, construite au fil du temps, de ses aspirations, de ses expériences heureuses et malheureuses, de ses échanges, était redevable aux *générations* qui s'y sont succédé mais aussi à ce qui a pu être reçu, demandé, échangé, extorqué *du dehors* au gré des unions, des alliances ou des affrontements. Cette ville donc, cette personne aussi, malgré son individualité qui la rend à nulle autre pareille, discerne dans ses réussites mais aussi dans ses épreuves ce qu'elle doit de reconnaissance et ce qu'elle peut attendre de secours et de lumière de tous ceux qui, présents ou anciens, l'ont aidée à se constituer et qui d'une certaine manière vivent encore en cette ville, en cette personne.

Cette conception transpersonnelle, transgénérationnelle et portant la tace de l'autre, explique qu'un individualisme ainsi construit n'exclut pas qu'au moment des épreuves on ait recours à d'autres références qu'à ses ressources propres. Le sujet ainsi construit reconnaîtra la solidarité avec ceux dont il a reçu, à qui il a donné en retour ; il reconnaîtra aussi la filiation avec ceux qui l'ont aidé à se construire par les voix de la tradition, c'est-à-dire de la transmission d'une génération à l'autre des matériaux et de l'esprit par quoi une ville, une personne se sont bâties.

Au moment de la déception, de la perte, du chagrin, de l'humiliation, l'individu ainsi construit *en personne* n'est pas exposé seul à l'absolu de l'échec ou de l'abjection. Il peut faire appel explicitement ou implicitement sur le modèle de la filiation ou de la fraternité à ceux qui l'ont aidé à être ce qu'il est. Dans les horreurs de la guerre, la référence à la patrie ou à la fraternité d'arme est d'un grand secours dans le danger de mourir ; dans les combats politiques, si un échec semble entraîner l'anéantissement du destin individuel d'un homme d'État, il n'atteint pas en lui la famille d'esprit dont il est issu ni la fraternité de pensée et d'action de ses compagnons. On voit combien cette conception de l'individu comme fruit d'un processus de construction personnelle par tradition, emprunt, échange, don réciproque prémunit des envolées glorieuses et des chutes abjectes par des effets de solidarité, de reconnaissance et de modestie.

On a beaucoup insisté sur les dangers et le ridicule du conformisme et en retour on a souligné la dignité de l'individu. Sans doute est-il essentiel de percevoir que cet individu n'est pas si « indivis » et « tout d'une pièce » qu'il y paraît, tant il est engendré, traversé, conforté, enrichi, fragilisé, fortifié, justifié, légitimé par « tous ces autres qui en lui sont lui-même ». Le véritable conformisme ne serait-il pas plutôt de se croire, comme tant et tant, unique, magnifique, auto-engendré, exemplaire superbe mais indéfiniment répété dans ce « troupeau d'Empereurs » dont souriait Henri Michaux.

Solidarité, fraternité, respect des filiations, prise en compte des traditions : on s'étonnera peut-être du caractère quasi moralisateur de l'examen critique des prestiges de l'individualisme par un psychiatre féru de psychanalyse.

J'espère cependant avoir montré que la présence et la relation dynamique à l'autre, bien avant d'être une prescription éthique, est une nécessité pour la vie psychique et pour l'existence de l'âme. En effet, la pensée, l'élan, l'action, la réparation des peines sont tributaires du désir, du langage, de la force pulsionnelle nécessitant la *présence*, réelle, imaginaire ou symbolique de l'autre. Cette présence est essentielle pour la mise en jeu de la vie pulsionnelle et de la parole mais aussi des « mirages » réparateurs dans le regard d'autrui.

La coïncidence entre les prescriptions morales et les nécessités de l'esprit n'est pas pour étonner un héritier du travail freudien. Le sujet humain, selon la psychanalyse, lorsqu'il se trouve confronté à ses limites ou à son impuissance, se « protège » de son « angoisse de castration », c'est-à-dire de la douleur de ne pas être tout-puissant, en transformant en interdits ou en commandements moraux ce qui serait simplement de l'ordre de son incapacité ou de ses impératifs vitaux. L'humanité procède ainsi à la manière d'un père de famille interdisant à son enfant de traverser une rivière à la nage pour lui éviter la cuisante constatation qu'il en est tout simplement incapable. De la même manière, si la plupart des civilisations réprouvent au plan moral l'individualisme outrancier ou la négligence et l'oubli de l'autre, on peut y voir la transcription d'une loi transcendantale mais on peut y discerner aussi la simple sagesse des nations qui a expérimenté les dangers pour la vie de l'esprit d'une solitude même confortable.

La vie sociale, *la civilité, la civilisation*, quelles qu'elles soient, nous apparaissent en cela, au-delà d'un raffinement esthétique ou d'une prescription éthique, un dispositif propre à assurer la santé psychique élémentaire de chacun de ces tenants.

A cela on pourrait rétorquer que toutes les civilisations et les religions ont proposé à certains, comme idéal, une vie retirée : celle des ermites, de Diogène dans son tonneau, des trappistes, de certains marabouts.

Cela m'amène à souligner que la présence de l'autre n'a rien à voir avec la coexistence et la juxtaposition. On peut être très seul et farouchement individualiste mêlé aux foules des mégapoles. En revanche Montaigne dans sa « librairie », saint Antoine dans son désert, conversaient en permanence, pour l'un avec les auteurs de l'Antiquité grecque et latine, pour l'autre avec les personnages de la Bible.

On a déjà souligné comment le retirement des saints ou des sages avait pour but non une contemplation muette de soi-même dans une image magnifiée, mais le rapprochement et la rencontre avec l'Autre dans le mouvement verbal soutenu de la méditation, de la lecture, de l'écriture ou de la prière.

Aussi bien considérerons-nous la qualité d'un fonctionnement social, la valeur d'un style de civilisation, la richesse d'une culture en ce qu'elle donne à tous et à chacun matière et facilité à échanger des mots, des représentations, des sentiments, des émotions, des idées. Quand cette fonction de civilisation vient à défaillir sous la forme de l'individualisme ou de ce que nous verrons être sa forme collective, le tribalisme mystique, c'est-à-dire exalté, ou nihiliste, c'est-à-dire cynique, c'est l'âme, l'animation vitale de chacun, qui est en péril de *vertige suicidaire*.

LA SOCIÉTÉ :
LIEU DE L'ÉLABORATION PAR L'ÉCHANGE

Les causalités sociales doivent être évoquées tout à la fois avec précaution et ambition. Avec précaution parce que la tentation serait grande, l'acte suicidaire inspirant fortement crainte et horreur, de se rapporter à la dureté des temps ou aux mouvements maladroits du « gros animal » ainsi que Platon nommait la société. On expliquerait ainsi, plus ou moins mécaniquement et globalement, ce geste, pourtant si individuel et spécifique, où l'homme se donne la mort. Ainsi tel suicide serait dû au chômage, à la crise, à l'urbanisation, à des concepts généraux, abstraits, sans visage et non à la mortelle souffrance très singulière d'une certaine âme en peine démunie des moyens de faire face à une adversité particulière.

Certes les circonstances où le métier vient à se perdre, la famille à se dissoudre, l'argent à manquer cruellement, sont de celles qui peuvent laisser l'âme sans force et sans voix. Mais la causalité sociale paraît être une notion plus complexe et se rattacher à ce que nous avons déjà évoqué concernant les nécessités propres à la vie de l'esprit.

J'énumérerai ici différents dispositifs sociaux : *la famille, le milieu de travail, les systèmes politiques, les religions instituées*, en soulignant le rôle de chacun comme vecteur d'échange verbal et de contact affectif. L'élaboration de la subjectivité s'en trouve facilitée par un rapport moins distant, distendu ou halluciné à la réalité.

« La *famille* protège », remarquait Durkheim à la fin du XIXe siècle. En d'autres termes, moins imagés et plus statistiques, les données épidémiologiques récentes confirment le fait en soulignant que les célibataires, les veufs, les divorcés sont, on l'a vu, plus sujets à se détruire. Il reste à déterminer comment opère cette « protection familiale ». Est-ce par la force d'union quasi mécanique d'une proximité plus ou moins englobante et rassurante ? Est-ce par cet effet cocon dont la formule « entouré de tous les siens » rend bien les connotations de « protection » ainsi prodiguées aux mourants ou aux vieillards ?

Il me semble que, pour l'essentiel, la famille fonctionne non comme une enveloppe protectrice, mais comme un réseau où des affects, des récits, des idées, s'entrecroisent, s'altèrent mutuellement, s'échangent, l'un prenant de l'autre et l'autre de l'un. Ainsi la famille au sens étroit comme au sens élargi du terme, famille nucléaire (père, mère et enfant), comme famille élargie aux parentèles plus étendues, est un dispositif subtil, un espace social et affectif qui donne à penser et à aimer pour qui y participe. Il y a lieu en effet d'ajouter « pour qui y participe » car certains adolescents, pourtant très dépendants et « immergés » dans le milieu familial mais sur un mode peu participatif, présentent des taux de suicide particulièrement élevés. La famille protège, dira-t-on après Durkheim, mais seulement si elle est le lieu d'un échange dynamique, verbal et affectif, et non le point de fixation d'une dépendance muette, passive et ambivalente.

Ceci nous amène à relever le rôle de « l'apprentissage », au sens profond du terme, par la vie de famille. On y apprend certes, pour le conscient, les mille et un « trucs », chaque famille a les siens, qui rendent la vie plus simple, plus riche ou plus joyeuse. De ce point de vue les échanges familiaux sont des écoles d'existence remarquables et un enfant ou un adolescent en apprend plus en passant un mois dans une famille sur les manières de prendre l'existence que la lecture de bien des livres de philosophie, de psychologie ou de bonne conduite. On y apprend cette capacité à « vivre avec » que les Américains appellent *social hability* et que nous nommons pour le plus simple : le savoir-vivre, la politesse et la civilité, et pour le raffiné et le complexe : la culture et la civilisation.

Politesse, civilisation, culture ; nous semblons loin du suicide et de ses vertiges. Sans doute ne sera-t-il pas nécessaire de reprendre un long développement pour rappeler notre propos des premières pages de cet ouvrage. Dans notre perspective le suicide est lié, le plus souvent, à une défaillance de l'âme, de ce principe entre corps et pensée assurant l'élaboration du désir et la réparation de l'être.

Cette âme, cet esprit, ne peuvent, on l'a vu, se déployer que dans une relation, imaginaire ou symbolique, à quelqu'un d'autre. Cette relation devra passer par le « défilé du langage » commun, sous peine d'être soumise aux leurres projectifs ou hallucinatoires du reflet narcissique et d'être en cela coupée de la réalité extérieure comme de l'énergie pulsionnelle et de la vie intérieure. La parole proférée, reçue, échangée, est seule capable de produire quelques réalités dans la relation et de faire échapper le sujet au vertige de la solitude dont nous avons vu qu'il constituait de redoutables dispositions au suicide. Or rejoindre l'autre, dans le langage commun, est précisément facilité par ces « chemins » que sont les systèmes et les modes de relation que nous offrent la civilité, les usages de politesse, quelles que soient les traditions dont ils proviennent, le fond commun d'une civilisation, d'une culture.

La métaphore du « chemin » peut être explicitée. Un pays,

une nation, reçoit en héritage de ses aïeux des voies de communications, d'échanges, de relations ; qu'elles soient routières, fluviales, ferroviaires, etc. Certaines voies en France ont été tracées par les Romains ; certains fleuves ont été rendus navigables il y a plusieurs siècles ; certaines villes sont des carrefours d'échanges depuis des temps immémoriaux.

Ainsi l'apprentisage de la civilité, de « l'habileté sociale », des modes culturels de relation *dans le cadre familial*, ne se résume pas à l'application d'un vernis « distingué » mais constitue bien une mise à la disposition des enfants d'un « réseau » dont l'efficacité s'est démontrée au fil des siècles comme il en est du tracé de certaines routes, facilitant généreusement la circulation et l'échange des mots, des sentiments et par là même l'élaboration intrapsychique et la vaillance de l'âme (« la force du moi », dirait plus platement le psychiatre que je suis).

« L'apprentissage » offert par la vie familiale touche aussi un domaine plus important encore, matrice indispensable de toute vie psychique selon la théorie freudienne : *la place de chacun dans la constellation familiale*. On y apprend sur le terrain et sans discours : qu'un père n'est pas comme une mère ; qu'un enfant n'est pas comme un parent ; qu'un frère n'est pas comme une sœur et qu'un cousin n'est pas une cousine, etc. Ce qui semble aller de soi se révèle, dans l'analyse des troubles de l'esprit, être parfois très mal intégré par l'inconscient. Cela, qui se joue dans le complexe d'Œdipe, doit dans le développement normal de l'enfant de trois à cinq ans, aboutir à l'inscription dans l'inconscient comme dans le conscient *de la différence des sexes et de la différence des générations*. Or nous avons appris comment le désaveu de la différence des sexes et des générations dans les perversions, la dénégation inconsciente de la différence des sexes dans les névroses, certaines identifications au père-mère indifférencié dans les psychoses, peuvent avoir des effets de déstructuration et d'ambivalence du désir, entraînant de véritables « pannes » de l'élaboration psychique, de la vie intérieure, de la perception juste de la vie extérieure et des risques de défaillance de l'âme dans les vertiges suicidaires.

Ainsi la famille, noyau social de base, est le « lieu » où, dès le jeune âge de la vie, on acquiert, bien au-delà des bonnes manières et des bons sentiments, l'art de percevoir les *différences* et les *asymétries* qui sont la base de toute vie psychique dégagée des fusions et des confusions. Le fait que cela opère dans une relation très investie par l'affectif et très proche des forces pulsionnelles en accroît l'impact sur le conscient comme sur l'inconscient et les « impressionne » pour toute l'existence. De la bonne mise en place de cette *triangulation* : père-mère-enfant dépendra, comme il en est des triangulations cartographiques, la navigation de toute une existence à distance des perplexités torpides de la mer des Sargasses ou des enlisements dans les bras du Fleuve héraclitéen. Le cap d'une existence se déterminera ainsi par le jeu des identifications dans cet « espace » triangulaire qui n'est, il faut le souligner, en aucune manière isocèle, le père, la mère, l'enfant se situant dans des positions spécifiques et profondément asymétriques les unes par rapport aux autres.

A contrario on comprend les difficultés pour mener une vie si un flou s'installe dans cette triangulation œdipienne, soit par indifférenciation des positions paternelle et maternelle (différence des sexes), soit par proximité horizontale des parents et des enfants (parents copains déniant la différence de génération). Le même flou peut s'installer dans différentes formes de dissolution familiale ou de famille « recomposée » où le « travail » d'identification au parent du même sexe peut parfois devenir problématique.

Faute de la mise en place positive de ce processus inconscient d'identification permettant de fixer le cap de l'existence, l'enfant, l'adolescent, l'homme adulte, s'il parvient à le devenir, se verra contraint de naviguer à « l'estime » en de vagues cabotages, un peu au hasard des vents, des courants, de la chance ou de la malchance. Il se produit alors une régression du désir vers des positions ambivalentes, où l'action ne s'oriente pas en fonction de choix déterminés mais s'improvise selon la méthode primitive et archaïque dans l'échelle des comportements : *la méthode des essais et erreurs*.

Il ne s'agit plus alors de dire et faire ce que l'on veut, mais de « tenter le coup » pour voir « si ça marche », le sujet étant alors livré au hasard de l'opportunité sur fond d'indifférence, d'ambivalence et de non-motivation. Dans d'autres cas, auxquels nous avons déjà fait allusion, la perplexité ambivalente se traduira par une adhésion angoissée et soumise à un système de pensée, à un groupe plus ou moins sectaire, à une personne autoritaire ou charismatique.

Dans les deux cas se jouent donc l'ambivalence et la dépendance dont nous avons souligné le caractère dispendieux en énergie et riche de potentialité violente contre autrui et soi-même. On voit donc comment un flou dans le dispositif parental, sur le registre conscient comme inconscient, peut induire une mise en panne de l'élaboration du désir par défaillance de la fonction identificatoire et l'enlisement dans les marais mortifères de « l'aquabonite ».

Sans doute aura-t-on reconnu dans cette perplexité immotivée certaines phrases d'adolescents ponctuées de « je ne sais pas », ou « on verra... », « je vais essayer », « si je trouve une occasion... » Ce recours à la méthode des essais-erreurs expliquerait ce que certains sociologues ont appelé *l'allongement de la jeunesse* (Cavalli et Galland), c'est-à-dire le retard à la décohabitation familiale, au choix d'un métier, d'un conjoint, d'un lieu et d'un mode d'existence.

Plus tragiquement, mais sur le même modèle de défaillance indentificatoire et motivationnelle, s'explique qu'en matière de suicide « pour les adolescents les perturbations du milieu familial sont très fréquentes (séparation ou pathologie de l'entourage) » (rapport du Conseil économique et social, 1993).

Il convient de signaler que ces « perturbations » identificatoires peuvent prendre une forme peu apparente basée sur la confusion aimable des rôles dans une sorte de bain tiède plus tribal que véritablement familial. Je citerai ici la formule de Jean Sulivan, tout à fait à sa manière abrupte et paradoxale : « Il y a pire que les familles désunies : ce sont les familles unies. » On aura compris qu'il s'agit de ces familles où tout le monde est le copain de tout le monde et où les parents sont plus, l'un pour l'autre, de tendres amis ou des associés tolérants que des amants exigeants et intraitables.

Un autre dispositif social mérite d'être examiné de près compte tenu de son évolution depuis quelques décennies : le ***milieu de travail***. Comme la famille, le travail peut être facteur de lien et vecteur d'affects et de langage, c'est-à-dire d'élaboration intrapsychique, de vitalisation et de réparation de l'âme.

Ce qui caractérise toutes les formes de travail bien qu'à des degrés différents, c'est qu'il a un objet : le fruit de ce travail ; qu'il nécessite la collaboration, la rencontre, la communication avec autrui soit dans la production soit dans la commercialisation. En d'autres termes, travailler c'est appréhender le monde réel avec une précision pratique, mais aussi tenir compte de l'autre, entrer dans son désir, ses peines, ses joies, ses soucis. Comme la famille, le milieu de travail donne à penser, à aimer, à détester, c'est-à-dire qu'il met en tension et en œuvre la vie du cœur, de l'esprit, de la pensée et, s'il est un vrai travail, jusqu'à la vie de l'âme.

On voit se dessiner ce que la parcellisation des tâches, l'isolement des postes de travail, la spécialisation des emplois, l'organisation extérieure des rapports entre les travailleurs sur le modèle industriel, « l'exploitation » raisonnée et abstraite des « ressources humaines » peuvent enlever à ce rapport dynamique à l'objet et à cette relation à l'autre dans l'action.

On conçoit aussi que le manque ou la pauvreté du travail dans le chômage ou la faiblesse de qualification n'est pas seulement une frustration par baisse du niveau de vie mais tout autant et sans doute davantage une atteinte grave aux conditions de vie de l'esprit qui n'a pas à s'employer, à se saisir du monde, à s'ajuster à l'autre dans ce processus élaboratif qui, pour être en grande partie inconscient, n'en est pas moins essentiel et continu. Le champ du travail est donc un lieu d'échange symbolique d'une forte intensité tant par la durée pendant laquelle il opère que par l'investissement global de tout l'être (corps, esprit, intelligence, affect), dans ce contact avec l'autre monde.

C'est aussi par excellence le lieu de l'épreuve de réalité car si le loisir ou la vie privée peut s'accommoder parfois d'une primauté du principe du plaisir ou de la vie phantasmatique, le travail ne s'y prête pas du tout de la même manière.

On ne sera donc pas étonné d'apprendre que le suicide frappe en grand nombre les sujets peu, mal ou pas du tout insérés dans la vie de travail, qu'il s'agisse des jeunes gens, des personnes âgées, des personnes au niveau d'études et de qualification les plus bas, des chômeurs, des délinquants.

Je voudrais, ici encore, récuser une sorte d'explication mécaniste et causaliste qui voudrait que l'on se suiciderait selon une sorte de processus logique à partir d'une situation de non ou de sous-emploi. On ne se suicide pas parce qu'on n'a pas de travail, mais sans doute plutôt parce que la vie sans travail donne moins à l'esprit à s'animer ou à s'objectaliser et à l'âme à éprouver sa vaillance. La perte d'un travail est une frustration ou un chagrin. La vie sans travail peut mettre l'esprit en léthargie et introduire « la mort dans l'âme ».

Le champ social repéré sous le vocable de ***politique*** au sens large, c'est-à-dire du mode d'organisation et d'échange dans la vie de la cité, paraît, pour des raisons analogues, avoir une grande importance quant aux conduites suicidaires.

Les systèmes de vie en société sont d'une très grande diversité, tels qu'on les observe tout au long de l'histoire ou sur l'étendue de la terre. Sans doute peuvent-ils être cependant répartis entre deux extrémités d'un spectre. A l'une des extrémités, des systèmes sociaux prônent et promeuvent des valeurs *d'intégration, de relation, d'échanges* entre les citoyens. Ainsi fonctionnerait idéalement la démocratie où chaque sujet serait convié à un destin de liberté individuelle dans l'égalité fraternelle (et non dans l'identité) avec autrui. A l'autre extrémité, les régimes totalitaires, dictatoriaux ou despotiques, entendent que chaque sujet se soumette à une autorité verticale sur le mode de l'anonymat indifférencié, de l'identification au voisin, la singularité de chacun étant considérée comme artéfact négligeable ou dommageable. Il s'agit donc, dans ce type de régime, que ceux qui en dépendent obéissent et gomment leurs différences et s'en remettent à l'autorité pour l'orientation de leur existence et l'organisation de leur relation à autrui.

On voit que ce système, imagé par la vie des insectes ou par la robotique, tend à faire faire au sujet « l'économie » de l'élaboration de son désir et à lui « voler ses amours et ses peines » (Jean Trémolières). Or il s'agit de ces « économies » qui mènent à la défection de l'esprit, à la faillite de l'âme et aux perspectives de mort à moins d'un sursaut de la subjectivité subversive, telles qu'on les a observées sous divers systèmes totalitaires à l'heure de la révolte.

Un régime politique se définit certes par le rapport qu'il facilite ou inhibe entre les citoyens dans leur singularité, mais aussi par le langage qui établit le lien entre eux. Or, l'ai-je assez dit, c'est la parole proférée, échangée et partagée qui constitue la prévention essentielle, la seule peut-être, contre la solitude et l'individualisme suicidaire.

Il y a entre les habitants d'une cité, d'un pays, un réseau de langage d'une densité telle qu'on peut considérer que ce sont ces mots, ce langage, ces symboles qui conditionnent le lien et le ciment de la citoyenneté. Cette parole commune et fondatrice emprunte deux formes, l'une et l'autre importantes mais bien différentes : l'une, la rhétorique, appelée aussi discours tribunicien en politique, donne au citoyen à penser et à se convaincre, principalement par les chemins de l'affect, des images et des figures de style. L'autre est celle de la loi : elle aussi, plus qu'on ne le croit, donne à penser et à parler en ce sens qu'elle contraint ceux dont les intérêts divergent avec la société à mettre du « dit » « entre » eux et elle (la loi inter-dit). On voit comment le tribun comme le législateur amènent le citoyen d'un pays démocratique à réfléchir, à s'exprimer, à débattre, bref à élaborer et à mettre son désir en perspective par rapport à des convictions, des valeurs, un bien commun.

Le rapport avec les conduites suicidaires là encore pourrait paraître lointain. On le comprendra cependant si on se met dans l'hypothèse qui est la nôtre, que la question du suicide se pose dans un contexte de solitude muette, au terme d'un long face à face funèbre avec soi-même ou plutôt avec sa propre image idéalisée, magnifiée et écrasante (le moi idéal).

Ainsi tout dispositif social, ici le système politique, qui introduit du « dire » et de « l'autre » dans la vie commune et dans l'existence de chacun, tend à rompre le vertige de Narcisse dangereusement penché sur l'étang où il se mire et où il s'engloutira. C'est à l'inverse qu'apparaîtrait un système politique qui ne donnerait ni à penser ni à parler et qui tendrait à transformer les citoyens en consommateurs passifs de discours démagogiques ou technocratiques « ficelés » sur le modèle des messages publicitaires dont le ressort principal est, on le sait, la suggestion hypnotique.

Il en est de même quand le propos technocratique ou démagogique se révèle l'expression d'un « faux self » clivé ou détaché des réalités ou des comportements de l'homme politique qui s'exprime. Le citoyen perçoit alors le factice du discours qui ne mérite donc plus le nom de parole et il s'achemine vers une forme de désabusement vis-à-vis de la chose publique. Ce désenchantement vis-à-vis de la politique est à l'esprit collectif ce que le nihilisme est à l'âme particulière. Or nous avons relevé combien le nihilisme du « tout est pareil », « tout se vaut », « tous les mêmes », « tous pourris » dit-on en politique, est le prodrome de la mort de l'âme et la porte vers les voies suicidaires.

Une autre forme de perversion de la vie publique et collective mérite d'être évoquée d'autant qu'elle a été soulignée par les sociologues de l'ère « post-moderne » comme une des caractéristiques de l'époque que nous vivons. Il s'agit du *tribalisme*. Ce terme est utilisé en ethnographie pour désigner les mœurs de populations dites primitives, chez qui les perspectives semblent se limiter aux limites du clan familial élargi et où l'échange verbal et écrit semble participer peu à l'établissement et à la défintion du groupe. Au sens dérivé, on parle de tribalisme devant un comportement collectif où l'implicite domine sur l'explicite ; le rapport silencieux au supposé semblable sur la relation langagière avec autrui ; la solidarité en circuit clos et la référence à des valeurs floues et peu partageables sur la mise en perspective ouverte vers l'universel. Pour parler plus clair et simple, le tribalisme moderne serait le monde « des copains et des coquins », des bandes à l'esprit, au vocabulaire et à l'humour impénétrables, des réseaux d'entraide plus soucieux d'efficacité et de service réciproque que de solidarité, voire de légalité vis-à-vis du jeu social dans son ensemble. Il s'agit donc d'isolat ou d'agrégat sociaux qui sont dans certains cas la coalescence plus ou moins désabusée de multiples solitudes. On voit là encore combien cet agrippement désespéré au semblable recèle de dépendance, d'ambivalence, d'exclusion et donc de violence potentielle vers soi-même et autrui.

On pourrait s'étonner de l'importance que j'accorde au fait que le projet social, les valeurs politiques soient exprimés de « paroles pleines ». C'est donc pour moi l'occasion de rappeler qu'un projet ou une valeur, s'ils n'étaient pas exprimés en termes rhétoriques ou logiques, c'est-à-dire partageables et en cela humanisés et relativisés, contiendraient le risque de l'absolutisation magique par les voies mystiques ou nihilistes dont j'ai dit les potentialités suicidaires.

Dans le domaine social et politique, l'informulé, le tacite, le caché, l'ésotérique, le « tribal », sont les conditions des diverses tyrannies totalitaires sous des masques idéalistes (les démocraties « populaires », le populisme « national socialiste » allemand ou français nouvelle manière). Ces systèmes avancent en parement des idéaux pseudo-démocratiques ou égalitaires, masquant ainsi et déniant un désir d'asservissement des esprits et de mortification des âmes. Il faut avoir croisé, comme je l'ai fait, le regard des Roumains à la fin du régime de Ceaucescu pour constater que le discours factice, le mensonge et le secret peuvent éteindre en quelques décennies la lumière dans les yeux de tout un peuple.

Ainsi n'est-ce pas déplacé, je l'espère, d'appeler, dans cet ouvrage qui tente de discerner les dispositions qui favorisent le suicide, à un *renouveau de la parole publique* qui devrait passer sans doute par la mise en congé des spécialistes en communication et des fabricants d'« images » capables de transformer l'énonciation loquace, emportée, émouvante d'un homme politique en message publicitaire *fun* et *clean*, « efficace » sur des esprits anesthésiés.

Un autre dispositif social joue un rôle traditionnellement important dans le lien entre les sujets d'un pays, les tenants d'une civilisation. Il s'agit de la *religion*, bien que, pour ce qui est de la religion catholique en France, elle tende à devenir un fait plus privé que social.

Sans examiner les bases spirituelles et théologiques du fait religieux, je voudrais tenter de discerner, en quelques lignes, ce qui le constitue comme dispositif social. A la base : un corpus de textes dits « fondateurs » ou « sacrés » (la Bible, le Coran, la Thora, les Upanishads...), énonçant en termes littéraires, poétiques ou historiques la mythologie des commencements de l'humanité ou d'une civilisation.

Ces textes peuvent faire l'objet d'une lecture « intime », intérieure, subjective, *spirituelle*, dit-on aussi, qui donneront naissance à la veine *mystique* du fait religieux. Ils peuvent aussi faire l'objet d'un autre type de lecture plus *rationnel*, plus objectivant, plus normatif, d'où prendra naissance le phylum *moral* et *dogmatique* de la religion par les voies de l'interprétation par des autorités plus ou moins reconnues : les clercs, la hiérarchie, la papauté, etc.

La religion est constituée globalement d'une interrelation antagoniste et dynamique, toujours rejouée entre ces deux tendances correspondant d'ailleurs aux deux formes principales de défense contre l'angoisse que reconnaît la psychanalyse : l'obsession du côté de la pensée, du dogme et de la morale ; l'hystérie du côté de l'affect, de la subjectivité, de la mystique.

Le pouvoir politique dans une Église s'affirme en s'appuyant sur la veine dogmatique tout en tirant profit des « trouvailles » de la veine mystique. On a dit à cet égard que la religion catholique serait constituée de « sages suivant des fous ». A noter d'ailleurs qu'une des difficultés des religions chrétiennes découle de ce que le corpus textuel d'origine promeut préférentiellement le subjectif, l'affectif, le mystique, sur la loi et la sagesse, ce qui contraint l'autorité interprétante, la papauté par exemple, à des élaborations paradoxales, clivées des textes dont elle tire pourtant sa filiation et son autorité : ainsi sont nés les concepts de dogmes, de mystères, de préceptes, masquant et colmatant l'écart entre l'éprouvé mystique et les formulations autoritaires dogmatiques et légalistes.

Et pourtant la fonction d'autorité interprétante est celle qui rend partageable le contenu des textes fondateurs, par identification, antagonisme ou opposition radicale. Par cette fonction de reformulation et de partage, elle évite aux tenants de la religion la contemplation solitaire et vertigineuse de ce qui est énoncé dans ces textes et leur épargne le tourbillon mystique dont nous en avons souligné plus haut les potentialités suicidaires. Ainsi pourrait-on dire que la fonction des clercs, des théologiens, des hiérarques, serait idéalement de canaliser les effusions mystiques issues du commerce avec les textes sacrés, sans obturer leur écoulement vivifiant pour la subjectivité singulière, on dira ici plus encore qu'ailleurs : pour l'âme.

Puisque notre propos est de discerner dans les dispositifs sociaux ce qui peut favoriser chez les individus les dispositions suicidaires, il convient donc de souligner quel *dysfonctionnement du fait religieux* viendrait renforcer ces tendances.

Sans doute faut-il rappeler ce que nous disions sur les trois phénomènes psychiques archaïques qui nous sont apparus à l'origine de troubles dépressifs : le *déni*, les *fusions*, les *clivages*. Une religion ne joue pas son rôle de gardienne de la vaillance et de la sécurité des âmes quand elle dénie les réalités extérieures : le monde, la société, les mœurs présentes ; les réalités intérieures : les aspirations à la subjectivité et à la liberté ; quand elle se clive de ses sources textuelles ou de leur interprétation mystique au profit des constructions intellectuelles ou normatives ; quand elle fusionne, se confond avec un appareil dogmatique, moral, administratif, clérical auquel elle s'identifie ; quand les interrelations dynamiques, tensionnelles, parfois douloureuses, entre les secteurs magiques, mystiques, rationnels, opératoires, politiques qui globalement constituent la religion ne sont pas respectées et que l'un des secteurs est favorisé au profit de l'autre, avec un *renforcement « dépressif » des séparations* entre ces secteurs.

On évoque bien sûr la sécheresse de certaines constructions moralisantes ou dogmatiques qui faisaient « perdre cœur » aux mystiques rhénans. On évoquera aussi la subjectivité immédiate d'une certaine lecture protestante de la Bible avec les dangers d'absolutisation mystique ou puritaine qu'elle sous-tend. Des sociologues ont prudemment évoqué, en particulier Durkheim, le suicide plus fréquent chez les protestants que chez les catholiques et chez ceux-ci que chez les israélites. Des comparaisons internationales actuelles en fonction des religions dominantes semblent corroborer le fait. Peut-être faut-il y discerner les risques que comporte un défaut de médiatisation verbale, entre le texte sacré et le libre examen par une lecture privée et subjective.

Dans cette perspective, le dispositif religieux viendrait davantage prémunir ses tenants des vertiges magiques ou mystiques que promouvoir, comme on le croit parfois, l'effusion de l'ineffable et les croyances irrationnelles.

Mais pour que l'autorité religieuse puisse remplir cette fonction, il convient qu'elle n'emprunte pas elle-même les chemins de l'irrationalité au nom de la « transcendance » de son inspiration, qu'elle avance ses interprétations comme des germes de pensée et des espaces de débat et non comme l'expression d'un « réel » purement et simplement « divin ». Il y a autant de « décollages » et donc d'aplatissements nihilistes magiques et mystiques dans un énoncé dogmatique, même d'inspiration humaniste ou personnaliste, que dans certaines divagations ésotériques par le déni qu'il implique lui aussi de la subjectivité de l'énonciateur et de ceux auxquels ce discours s'adresse.

Enfin nous examinerons, à l'issue de ce chapitre sur les causalités sociales des comportements suicidaires, le dispositif le plus vaste, le plus diffus, le moins cernable mais aussi le plus mêlé à l'air du temps comme à la vie des esprits et aux états de l'âme : ***la vie culturelle***.

Je donnerai bien sûr à ce terme un sens large, nullement limité aux élaborations savantes telles qu'elles s'expriment dans les universités, dans les maisons d'éditions ou les salles de spectacle, mais en incluant, autant que faire se peut, l'ensemble de ce qui s'éprouve, se pense et se dit au travers des époques et des pays et, bien sûr, singulièrement la nôtre et le nôtre.

La culture d'un temps et d'un lieu est sans doute moins à rechercher dans le détail des pratiques et des productions que dans les idéaux explicites et plus souvent implicites qui les inspirent. Ainsi, la culture romaine est certes dans les textes de Cicéron ou de Virgile, mais sans doute plus globalement et plus profondément dans une « certaine idée », qui se vivait alors sur l'homme, ses rapports avec ses semblables, avec l'autorité politique ou morale, avec la nature, avec le divin, etc. On conçoit la gageure de tenter une synthèse des rapports des cultures ainsi comprises et les dispositions suicidaires. Cela n'est guère envisageable qu'en examinant les phénomènes en termes de systèmes et de structures avec les limites et les dangers de cette démarche englobante et généralisante.

Je proposerai donc d'abord qu'une culture ou une civilisation se caractérise par ses idéaux, c'est-à-dire *plus par ce à quoi elle aspire que par ce qu'elle est.* L'Allemagne nazie ne l'était sans doute pas dans la vie quotidienne de chaque Bavarois ou de chaque Prussien mais plutôt dans la conception de l'homme qui imprégnait la vie collective et les orientations générales de la société. On ne s'étonnera donc pas que la réalité quotidienne et explicite des gens sera moins évoquée ici que les phantasmes et les constructions imaginaires souvent implicites et que nous aurons donc à interpréter ce qui donne le ton en sourdine à une époque, à un pays, et en fixe le registre.

Cela n'est pas sans analogie avec l'existence individuelle, moins constituée d'une succession d'actes, parfois insignifiants, parfois spectaculaires mais sans lien profond entre eux que par l'écoulement héraclitéen d'un désir dont le flux est en grande partie inconscient et dont nous ne relevons le cours que par une certaine constance de ses manifestations externes et de ses résurgences. Si un sujet humain *est* son désir, même quand il le méconnaît en partie, une culture *est* de manière analogue ce vers quoi elle tend même si elle ne discerne pas entièrement sa démarche et ne l'explicite pas complètement.

Comme le désir d'un sujet, les aspirations d'une culture se caractérisent par une visée : des buts recherchés ; un projet : des stratégies pour les atteindre, un ordre d'urgence dans l'accomplissement de ces projets et de ces stratégies. C'est cet ordre d'urgence que je désignerai sous le nom de *valeur*, retrouvant ainsi l'étymologie numérique de ce mot. On dira urgence numéro un comme valeur numéro un. On conçoit ce que cette conception du mot valeur lui enlève de connotation absolue et abstraite pour l'introduire dans une problématique existentielle numérique et concrète de temps et de priorité plus ou moins grande.

Ainsi une culture ou une civilisation se définit par ce qui s'y discerne de son « désir » essentiel et s'y donne à interpréter dans ses pratiques, certes, mais aussi dans ses aspirations moins apparentes et explicites et dans ses productions artistiques, industrielles, sociales, commerciales, etc.

Comme il en est du désir humain, on pourra évaluer aussi la part que chaque civilisation fait aux *cloisonnements* statiques, aux *dénis*, aux *projections* imaginaires ou au contraire à la fluidité et au respect des réalités internes comme externes. Pour être plus précis, n'y a-t-il pas de modes de culture, et peut-être la nôtre par certains aspects, où coexistent de manière cloisonnée comme dans les personnalités dépressives : des secteurs opératoires dominés par la logique et les nécessités adaptatives ; des secteurs magiques envahis par les projections et la confusion ; des secteurs refoulés ou déniés touchant essentiellement le monde du phantasme, de l'élaboration du désir, des forces pulsionnelles, des puissances de l'imaginaire. L'inhibition du phantasme, de la vie intérieure, de la dynamique élaborative du désir que nous avons décrite dans les « états frontières » et les « personnalités limites » ne se trouve-t-elle pas dans certaines pratiques sociales et certains idéaux « culturels » d'organisation, de management, d'efficacité, d'adaptation, de communication, de transparence, d'opérativité, développée aux dépens de la créativité rêveuse et de la fantaisie subversive.

Des formules souvent entendues : « faut pas rêver », « il faut que ça marche », « soyons clairs », « communiquons cinq sur cinq », ne sont-elles pas comme des symptômes de cette civilisation de vitriers et de plombiers avides de clarté, de contact et d'écoulement des « informations » sans restes ni parasitages ?

La juxtaposition d'un mode de pensée et de relation au monde, très infantile ou archaïque, basée sur la confusion et la fusion, la manipulation magique de la réalité, avec un secteur hyperrationnel et suradapté au monde des objets tels que nous les avons évoqués au chapitre des troubles dépressifs, ne trouve-t-elle pas une analogie entre notre culture techno-industrielle et techno-bureaucratique, informatisée, branchée, câblée, managée, voisinant mais ne correspondant guère avec le monde de la voyance, de la magie, des guérisseurs, des sectes ésotériques, des variantes plus ou moins spirites de la religion qui n'ont jamais autant fait florès ?

N'y a-t-il pas une analogie entre certaines aspirations à un contact immédiat avec une nature intacte telle qu'elle se manifeste dans certains mouvements écologiques radicaux et la relation *fusionnelle, préverbale*, prégénitale, prélogique telle qu'on l'observe dans certains secteurs archaïques des personnalités dépressives, toxicomanes ou mystiques ? N'y a-t-il pas aussi une position nihiliste analogue à l'insignifiance et à l'asymbolie dépressive dans certains traits de la civilisation post-moderne dominée par le glissant, l'implicite, le visuel, le ludique ? dans la culture *fun* et *light* désarrimée des tensions du désir et du poids des objets ?

La « crise des valeurs », que nombre d'observateurs relèvent comme caractéristique de notre temps, n'est-elle pas plutôt celle d'un *aplatissement des urgences* ? Comme l'écrivaient en 1984 les sociologues Baudelot et Establet : « Quelque chose dans le suicide dépend bien de manière régulière et intelligible des grandeurs qui caractérisent l'état d'une société. » En 1994, il semble à un enfant aussi urgent de se plonger dans la manipulation des manettes d'un jeu vidéo que de participer aux ébats de petits compagnons venus lui rendre visite. Aussi « urgent », ni plus ni moins, pour un adulte de visionner les « Jeux de 20 heures » que de recueillir les informations de la journée dans la presse ou à la télévision ou que de lire ou d'écouter de la musique. On voit comment par ce terme d'« urgence » je tiens à éviter ce que le mot de valeur aurait de rapport à une révérence obligée ou à une prosternation automatique.

A mon sens nous ne vivons pas une société sans valeur au sens classique et révérentiel du terme. Il suffit de mesurer les foules dans les abords d'un stade de football ou d'une exposition de peinture de haut niveau. Il me semble même que la fascination par ces représentations opère d'autant plus fortement que le sujet post-moderne est un joueur et un spectateur muet peu porté à se forger ses propres systèmes élaboratifs et plus enclin à se prosterner ou à s'ébahir devant des prouesses sportives ou artistiques, habilement « mises en valeur » par des effets de masse, d'éclairage, de sonorisation, de médiatisation et de prise en charge collective. Aussi c'est sur le mode interprétatif que je souligne que les foules « sportives » ou « artistiques » (qui ne le sont d'ailleurs ni l'une ni l'autre, mais spectatrices) sont vigoureusement saisies et captées par une « mise en valeur » spectaculaire de ces faits sportifs ou artistiques.

La crise est donc moins dans la dissolution des valeurs au sens de représentations magnifiées et spectaculaires de la réalité, mais dans la *confusion numérique de ces valeurs* comme si, selon la formule consacrée, « tout se valait », que tout avait la même urgence et qu'une population, une culture, un peuple, ne pouvait se rencontrer dans un ordre de priorité, réalisant ainsi sur le mode anodin ce qui se dit sur le mode héroïque dans la Bible : la multiplication des idoles et des divinités morcelant le peuple dans une foule de groupuscules que la sociologie aurait dit « anomique ». La difficulté n'est pas qu'on puisse « adorer » Cézanne, Madona et Maradonna, mais qu'une urgence et une priorité dans cette considération ne puissent s'établir immédiatement et spontanément. J'évoque ici un effet existentiel et non bien sûr une procédure intellectuelle d'évaluation sur laquelle tout le monde serait sans doute d'accord. Tout le monde est prêt à reconnaître que Balzac et Proust « valent » plus Johnny ou Sylvie, mais qui renoncerait à une place de spectacle des uns pour l'achat d'un livre des autres ? Où se situerait, non la valeur abstraite facilement admise, mais l'urgence, la priorité concrète ?

Je crains encore qu'on ne pense que ces considérations sociologiques sur les valeurs révérences et les valeurs d'urgence ne concernent pas directement le suicide et ses déterminations.

Il me semble pourtant que la dispersion des valeurs d'existence et le morcellement et l'aplatissement de l'imaginaire social qu'elle implique sont un facteur d'anomie plus profond qu'une crise économique ou une catastrophe naturelle qui ont souvent en retour des effets de soudure et de solidarité dans la population concernée. Il ne s'agit plus ici du « troupeau d'Empereurs » dont parlait Michaux mais d'une myriade de dévots solitaires et ahuris, véhiculant avec eux leur petite idole privée. En caricaturant : les punks n'ont rien à dire aux skins, un golfeur à un régateur, le branché hi-fi au câblé jogging.

On pourrait rétorquer en évoquant « les grand-messes » des manifestations sportives, artistiques ou spectaculaires de masse. La question se poserait alors du lien existant entre les sujets venus contempler de loin et en aussi grand nombre une idole du spectacle ou du sport. La mythologie d'un champion ou d'une star dégage-t-elle les mêmes forces d'*abréaction et de communion* qu'une tragédie grecque, un pardon breton ou une course de taureaux espagnole ?

Il y a sans doute une différence de nature, parce que de culture, entre des manifestations de l'esprit ordonnées selon un ordre de valeur commun mais renvoyant finalement le sujet à sa singularité et des embrasements ponctuels et indifférenciés des *stars systems* tels qu'on les observe dans les grands stades ou les grandes salles de cinquante mille places où se produisent des vedettes dans les irréalités de la sono et des projecteurs baignant à flot des espaces démesurés. Les yeux et les oreilles s'y remplissent, mais la pensée et la parole y sont souvent congédiées. Le collectif de masse et le spectaculaire hypervisuel et hypersonore laissent bien peu de place à la vaillance vacillante d'une parole singulière adressée de l'un à l'un, de l'un à l'autre, rarement de l'un à tous.

Le débat est donc autour de *l'image et du visuel*. Est-il identique, est-ce une simple variation de mode, qu'un peuple, une culture, se retrouvent autour d'une représentation visuelle et sonore ou autour du verbe ? Est-ce seulement un moment, un cas de figure, le fait d'une minorité, d'une majorité, s'ébahissant du spectacle et faisant société autour ? Est-ce un avachissement contemplatif devant le train qui passe, ou un nouveau quattrocento avec Vivaldi, Canaletto et *tutti quanti* ? Est-ce que les chaînes TV, hi-fi, enchaînent ou déchaînent ? Peut-on conclure sur les rapports et les mérites de l'audiovisuel d'une part et du mot et de la phrase d'autre part ?

Laissez-moi dire pourtant qu'au début et à la fin et tout le temps était le verbe. Qu'une culture vidéo et sono ne saurait être que clip, le temps d'un éclair donc ; qu'elle peut créer la réunion, l'union, la fusion des gens entre eux dans le bain chaud et lumineux du son, de la lumière. Mais les liens ne peuvent se tisser fortement que dans le lent dévidement du langage au fil des phrases, des poèmes, des épopées, des tragédies, des romans, des chansons, des essais, des propos, des entretiens, des confidences, des discours, des prophéties, des conversations, des prosopopées, bref, de toutes ces figures de style, qui sont autant de figures de l'esprit, que l'homme parlant a inventées pour, d'une vie, faire une existence singulière, éprouvée, pensée, dite et déployée selon le logos fluvial de son âme.

Que les textes des chansons deviennent inaudibles, que les images et les couleurs ne représentent plus grand-chose, que les textes mêmes deviennent impénétrables, que l'absurde soit absurde, pourquoi pas. Mais du fond montera sans doute, j'espère, l'exigence, l'espérance, la nécessité vitale de la parole pleine, du *cante rondo* qui demeurera quand les spots seront éteints et la sono coupée.

Puisqu'ici c'est du suicide que nous parlons, est-ce le souvenir d'un spectacle sonore et illuminé qui retiendra de charger le revolver ou de nouer la corde ou plutôt *un mot, une phrase, une trouvaille de langue, un sentiment bien dit, une idée justement formulée, une parabole éclairante*, un de ces effets miraculeux de langage que détient la poésie, mais qui n'est pas cantonné, loin s'en faut, dans les poèmes ?

Ma conviction est que c'est des mots que les humains font langage et du langage leur lien entre eux. Les sons, la lumière, les images leur sont un bain où ils se côtoient, se réparent, se font parfois signe. Mais la signification, le sens de leur rapport, c'est dans le jeu des mots, dans l'espace, la respiration entre les phrases, dans le plaisir du texte, dans l'usage souverain de leur pleine parole, qu'ils le trouveront.

Ainsi, pour quitter le ton incantatoire et tenir un propos plus analytique et structurel, il nous apparaît que les dispositifs et les pratiques culturelles se diversifient selon un spectre dont l'une des extrémités serait la culture du *visuel* et du *sonore*, de l'*évidence à deux dimensions* comme une image ou un écran induisant chez l'individu un mécanisme identificatoire élémentaire et sur un groupe un fonctionnement « tribal » par identification silencieuse et massifiée. A l'autre extrémité se situerait la culture du *verbe* où le langage introduit à une *troisième dimension* : celle du « dégagement » par rapport à ce qui est exprimé et représenté ; celle de l'écart entre celui qui parle et ce qu'il veut dire ; entre ce qu'il veut dire et ce qu'il dit ; entre ce qu'il dit et ce qui est reçu, entendu ; entre ce qui est entendu et ce qui est élaboré par celui qui a perçu cette parole.

Dans ces écarts, qui sont la marque dans le langage de la division et de l'excentrement du sujet (ce que la psychanalyse désigne sous le nom de *Spaltung*), s'établissent des champs pour l'élaboration psychique. Si je ne suis pas tout ce que je pense, si je ne pense pas tout ce que je dis, si je ne fais pas tout ce que je veux : *cela me donne à penser*, à phantasmer, à affiner l'élaboration de mon désir.

L'expérience de l'amour, de la création, du rêve, du mot d'esprit, nous révèle à quel point « l'étranger nous habite » et que, de sa révélation toujours partielle et précaire, procédera le plus inattendu, le plus vif, le plus singulier de notre existence.

Ainsi la culture du verbe, par opposition à celle de l'image, est moins celle du particulier et de l'identification fixe que celle du singulier, du subjectif, de la personnalisation progressive menant par les voies de l'intériorité vers le « fond commun anthropologique » (Sulivan) et ainsi à l'universel. *Par la parole c'est du singulier que procèdent les perspectives sur l'universalité.*

La culture du verbe inclut aussi dans son déploiement le doute méthodique et l'autocritique, contrairement aux évidences aliénantes du miroir, de l'écran, de l'imagerie. La culture parlante, en même temps qu'elle parle, donne à penser, suscite au-delà de la réassurance sur ce *qui est* (effet de miroir), la trouvaille sur *ce qui peut être* inventé ou révélé (effet d'inconscient, exploration par le langage et par l'écriture).

La culture verbale, qu'il s'agisse de la pensée, de la philosophie, des sciences, ne peut s'arrêter sur les vues fixes d'un savoir d'imageries (définitif, total et de surface), mais pénètre toujours plus avant dans la connaissance de l'inconnu, de l'autre, en même temps qu'elle critique ses acquis, les prolongeant et les altérant.

On voit que ce processus élaboratif du langage, que la psychanalyse repère comme la conséquence du complexe d'Œdipe résolu par l'impression sur le sujet de la métaphore paternelle, n'est pas sans analogie précisément avec le mouvement amoureux ou érotique : connaissance pénétrante, toujours renouvelée, jamais acquise de l'autre.

Ainsi sommes-nous amenés à reconnaître dans la civilisation ou la culture du visuel et du sonore des formes archaïques de contact avec la réalité, sur le modèle du narcissisme et du stade du miroir. Selon Jacques Lacan, le petit enfant se contemplant dans une glace se donne l'illusion de sa complétude et de sa toute-puissance dans une « assomption jubilatoire de lui-même » avant que, dans la dramaturgie œdipienne, le « Nom-du-père » ne vienne l'installer dans sa subjectivité divisée mais parlante, le rendant apte à la connaissance de la réalité à travers le registre symbolique. Ce stade du miroir, temps du mirage, est celui où s'établit le *moi idéal* dont nous avons repéré, dans le chapitre de psychopathologie des dépressions, la fonction totalisante, aliénante et tyrannique en raison précisément de sa nature imaginaire et prélangagière.

Il y a donc un débat entre les cultures de l'image et celles du verbe ; entre celles où la représentation est fallacieusement donnée comme évidente et comme support identitaire fixe et celles où le langage se reconnaît comme représentation d'un réel et d'une vérité dont la totalité lui échappe toujours ; entre le vertigineux silence verbal de la sono-vidéo et le discours articulé.

On voit qu'il ne s'agit pas d'un débat de « goûts et de couleurs », de mode ou de nostalgie, de progrès technique ou d'opportunité technologique. Il s'agit de savoir si la parole peut être durablement « humiliée » (J. Ellul) dans une société, sans lui faire courir le risque d'atrophie de l'âme, de clôture de la liberté, de soudure de la veine créatrice, réparatrice, élaboratrice et donc vitalisante et antisuicidaire.

Comment dans cette perspective et selon ce spectre s'étendant du plus visuel au plus verbal se situerait notre culture présente en Occident ?

On dira que des mots il y en a partout et tout le temps : dans la presse, si incroyablement multiforme et abondante ; dans les grandes marées d'automne des maisons d'éditions ; dans les multiples chaînes de médias audio et surtout visuelles ; dans les slogans publicitaires, les « pages de publicité », diffusés à la radio, mais aussi dans les lieux publics (magasins, fêtes foraines et jusque sur certaines plages l'été).

C'est ici le lieu de distinguer la *parole vive* du *discours communicationnel*. La première se caractérise par un faible degré de maîtrise de celui qui parle sur son interlocuteur et même sur sa propre énonciation au point de produire sur lui-même un effet de trouvaille, de révélation, en même temps que sont suscités chez l'autre des effets souvent imprévisibles. Je pense bien sûr à la trouvaille littéraire, à ses effets révélateurs chez l'écrivain ; son pouvoir inséminateur, déplaçant, révélateur aussi chez le lecteur. Mais il en est de même, à des degrés divers, des prises de paroles publiques quand elles ne sont pas remâchées par des spécialistes en communication ; des textes dramatiques, des romans ; des conversations animées et des débats où les rôles et les répliques respectifs ne sont pas distribués et construits à l'avance.

Au contraire le langage communicationnel vise à contrôler et à maîtriser l'énonciation aux fins de clarté et de compréhensibilité, de communicabilité précisément mais aussi de réception par l'interlocuteur, afin d'obtenir un effet précis et calculé d'avance. Dans ce domaine, le slogan publicitaire ou de propagande représente un paradigme : brièveté, densité, clarté, efficacité, en termes de suggestion sur un interlocuteur idéalement passif et non critique afin d'obtenir de lui un comportement déterminé : l'achat d'un produit ou le dépôt d'un bulletin de vote.

Le langage communicationnel s'étend bien au-delà de la publicité, dans la communication des informations, les modes d'emploi, les codes sociaux, les propos tout faits, les holophrases, les banalités en kit et jusque dans les livres à visée de distraction narrative où le texte est travaillé en vue de capter en continu et sans répit l'attention du lecteur et ainsi le « délivrer » de sa présence à soi-même : cela qu'on appelle le « distraire ».

Il apparaît bien sûr que toute une culture présente échappe au visuel sonore, au langage communicationnel et aux entreprises de distraction. On la rencontre non seulement dans la littérature, les arts, mais aussi dans le léger et le familier de la vie quotidienne : la conversation, le bavardage, la plaisanterie, les confidences, les chansons qu'on fredonne. Mais si on parle en termes de tendance, de prévalence, de dominante, il faut bien remarquer que la culture actuelle « postmoderne » est plutôt celle de la « distraction à mort » selon la formule du sociologue américain, auteur d'un ouvrage intitulé *Se distraire à en mourir*.

Il se pratique une capture de l'esprit par l'image, le slogan, le spectaculaire brillant, la technique sophistiquée au service de la « mise en valeur » de ce qui n'en a guère (pensons au déploiement technologique dans un show télévisé ou dans une grande salle de spectacle autour d'un chanteur promotionné, ou aux prises de vues splendides et savantes pour illustrer la supériorité d'une marque de jus de fruits ou encore pour raconter une histoire comique ou héroïque, distrayante à souhait).

MAGIE, SPIRITISME OU VIE DE L'ESPRIT ?

Cette réflexion sur ce qui inspire la religion d'une part, la culture d'autre part, m'amène à envisager, après quelques hésitations, les modes de spiritualité et leur rapport avec les dispositions suicidaires. J'entends ici par spiritualité les phénomènes *s'inspirant* de la culture ou de la religion, d'autres expériences aussi (relation avec autrui et avec la nature), mais *s'exprimant* du plus profond de l'intériorité, de ce lieu que nous avons désigné selon les différentes terminologies : l'espace potentiel (Winnicott), le défaut fondamental (Balint), l'espace du dedans (Michaux) ; ou tout bonnement et classiquement, l'âme.

Selon cette métaphore respiratoire, la vie spirituelle puise certes dans le monde extérieur, dans les textes, les sources de son *inspiration*, mais c'est dans le second temps respiratoire, dans l'*expiration*, dans l'expression de ce qui a été ainsi réchauffé et transformé au plus intime de l'être, que se situe, à mon sens, l'accomplissement de cette vie de l'*esprit* qui signifie on le sait : le *souffle*.

On voit donc que cette spiritualité, expression à partir du plus profond et du plus chaud de notre intériorité, ne se confond pas avec la vie culturelle ou avec les pratiques ou croyances religieuses même si elle en tire sa subsistance en même temps d'ailleurs qu'elle les réchauffe, les enrichit ou les métamorphose. Pensons à cet égard à la puissance symbolique de l'expiration forcée, du souffle, comme procédé de guérison ou de transformation (par exemple et très familièrement, les bobos des enfants sur lesquels les parents soufflent pour les « guérir »).

Si la spiritualité, du fait de son émanation « de l'intérieur », se distancie de la religion et de la culture, elle se distingue également par son mode d'expression de la *magie* et du *spiritisme*.

La *magie*, sur le modèle de la lanterne magique, procède par la projection d'une réalité intérieure, d'une imagerie pour masquer les réalités extérieures. La confusion entre spiritualité et magie n'est pas aussi éloignée dans l'histoire et la géographie qu'on pourrait le penser. Nombre de phénomènes apparemment « spirituels » me paraissent s'apparenter à des tours de magiciens ébahissant des groupes de curieux ou de fidèles, les transformant en spectateurs de phénomènes dont le « lieu » d'exercice légitime devrait pourtant respecter la discrétion et l'intimité de la vie intérieure (« guérison » ou « conversion » spectaculaire de certains groupes religieux par exemple).

C'est également par son mode d'expression que la spiritualité se distingue du *spiritisme*. Dans le spiritisme ce n'est pas une imagerie qui est projetée vers l'extérieur mais des manières de « fluides », d'ondes, d'émanations, qui se caractérisent par leur absence de verbalisation ou par une verbalisation ésotérique, hermétique, éleptique, logomachique, se prêtant à toutes les interprétations, essentiellement favorables aux idées ou suggestions, conscientes ou inconscientes, des organisateurs de ces séances de spiritisme, ancienne ou nouvelle manière. Les exemples contemporains ne manquent pas non plus où « l'esprit » souffle à flot sur des groupes ou des foules en suggestions hypnotiques, plongés dans un silence ou une verbigération énigmatique.

A partir de ces oppositions, je poserai donc que l'on parlera de spiritualité à propos des phénomènes émanant de l'intimité de l'être et s'exprimant dans un langage articulé et intelligible, bien que marqué dans sa forme par les conditions de son émergence « brute », proche des processus primaires. Elles empruntent donc le plus souvent la forme poétique, prophétique, humoristique, paradoxale. Ces « productions » spirituelles restent le plus souvent à usage privé, intime, et constituent alors ce que Roland Barthes nommait « la longue récitation intérieure » et qu'on appelle aussi parfois le discours intérieur, la pensée méditante (Heidegger), pour certains la prière (philocalie). Cette « veine » de l'intériorité ardente discursive est « exploitée » par les mystiques, les écrivains, les artistes, mais aussi les amoureux, les gens d'esprit et de conversation, les humoristes, les personnes dont on dit qu'elles ont un « don », un « génie », un « charisme ».

Cette « récitation de l'âme » n'est donc pas, on le voit, le fait de quelques esprits religieux ou intellectuels. Il est même probable que trop de religion et d'intelligence pourrait en colmater la source. J'ai tenu à évoquer ici cette « récitation intérieure » car il me semble que c'est ce discours intérieur, ce récit de l'âme qui vient à défaillir quand le suicide apparaît comme une « solution ».

Le fleuve étant à sec, on croit qu'il ne reste plus qu'à détruire la maison, oubliant qu'un cours d'eau a ses éclipses mais aussi ses résurgences, ses décrues mais aussi ses crues. Le fleuve où Héraclite lisait l'existence humaine est aussi un fleuve de mots issu des profondeurs de l'âme. En temps de sécheresse il ne faut pas se hâter de conclure au désert définitif, mais se souvenir qu'un fleuve, une rivière, se nourrit de bien des affluents et de mille sources ; que de remonter à ces sources, vers ces affluents, permet souvent de lever des barrages qu'on croyait définitifs ou de débroussailler les lieux d'émergence du précieux fluide.

Il y a une vie de l'âme, une fluidité du cœur, une libre circulation du désir et du mot qui se rétablit et s'entretient avec la même amoureuse attention que les amateurs de nature ou de pêche mettent à entretenir sources et rivières. Il y aura toujours pour qui sait que la vie est fluviale de l'eau à apporter à son moulin et du grain à moudre.

J'écris ceci dans un manoir breton et je regarde travailler, de ma fenêtre, un homme robuste de soixante-dix ans qui, dans le lit du ruisseau, débroussaille les ronces qui s'y étaient mises depuis bien longtemps et je constate avec joie que ce cours d'eau, qui autrefois faisait tourner le moulin, a retrouvé une vivacité et une clarté depuis longtemps oubliées.

Qui peut être le débroussailleur de l'âme ? Qui lèvera les troncs morts et les ronces ineptes et cruelles ? Qui rendra au désir, au mot, au souffle, à l'esprit, leur libre expression, leur cours vivifiant ?

Il ne faut pas se priver de consulter ce que les *civilisations*, celles du présent, celles du passé, celles d'autres contrées, celles dont nous avons reçu l'héritage, le testament, celles que l'humanité de par le monde et par tous les temps, mettent à notre disposition. On s'adressera à ces civilisations pour libérer le cours, la source et « la source de la source » ; pour dégager les herbes folles et les ronciers stériles ; pour se prémunir des magiciens fabricants d'images et des spirites spécialistes des courants d'air et de la poudre aux yeux. Cela, dans diverses traditions, s'appelle la lecture de textes dont le pouvoir débroussailleur et capteur de source les a fait qualifier de « sacrés », de prophétiques ou de poétiques ; cela prend aussi la forme de la méditation, de l'éloignement, du silence, de l'écoute, du murmure de sa propre respiration, de sa petite source privée.

Ce peut être aussi la rencontre de quelques grands sourciers et la mise à distance des tuyauteries sous pression de la fameuse « communication ».

Il y a aussi des *comportements* qui défavorisent la vie de l'âme et son expression spirituelle, voire qui parviennent à l'effacer. Ces conduites qu'une morale systématique et légèrement terroriste repérait sous le vocable de « péché mortel » parce que précisément elles étaient supposées entraîner, *ipso facto*, le dépérissement et la mort de l'âme. Il reste cependant que le « n'importe quoi » comportemental, qu'il soit d'inspiration nihiliste (matérialisme, consumérisme, conformisme, civilisation *fun*) ou d'inspiration mystique (ésotérismes divers, babacoolisme, écologisme sommaire), dans tous les cas, on l'a vu, prégénital et préverbal dans ses origines, ne peut aller que dans le sens de l'embroussaillement du cœur et de l'étouffement du murmure intérieur.

Aussi n'est-ce pas en fonction d'une quelconque appartenance religieuse, ou en fonction d'une croyance théiste, que je pose ici que nombre de suicides sont précédés d'une atrophie, d'une atrésie de l'âme, d'un envahissement broussailleux du cœur, d'une éclipse dans le cours du récit intérieur dont un des repérages pertinents me paraît pouvoir se faire en termes d'entrave et d'altération de la *vie spirituelle* au sens large mais profond que je donne ici à ce terme.

Or, cette *expiration* de l'âme, cette expression, ce souffle chaud issu des profondeurs est largement dépendant du milieu où puise le premier temps respiratoire : l'*inspiration*.

Dis-moi ce que tu inspires et je te dirai un peu de quoi sera fait ton expiration, ton souffle, ton esprit, ton discours essentiel, ton chant profond. Respires-tu exclusivement cet air du temps : insaisissable et raréfié, *light*, ludique, *fun* ? Es-tu plongé dans l'atmosphère durement techno-industrielle ou techno-scientifique, assez irrespirable elle aussi ?

Vas-tu en revanche puiser ton inspiration dans les grands courants chauds et ascendants de la littérature, de l'amitié, de l'amour comme grand œuvre, de la joie stratosphérique, de l'esprit « noosphérique » (T. de Chardin), dans les grands espaces creusés dans l'opaque et le compact du monde par les grands bulldozers que sont les diverses civilisations dont les chantiers n'arrêtent pas depuis des siècles de défricher la planète de long en large, de la forer, de la surface au sous-sol le plus profond ?

Dans une atmosphère confinée au pratique, au quantitatif, à l'économique et au technique, le souffle et la parole qu'il porte tendent à céder le pas aux *actes* : « Assez de paroles : des actes ! » est la formule nihiliste des tyrans et des violents. Or, comment sans parole, cette parole qui vient du fond de l'âme, prendrait-on son mal en peine et sa peine en réparation, en propos, en projet ? Hors de cette parole inspirée, élaborative, réparatrice, la souffrance ne peut s'exprimer qu'en actes et la souffrance désespérée qu'en actes désespérés.

Il y a sans doute dans la crise spirituelle que certains reconnaissent comme une des caractéristiques de notre époque, parallèlement à « l'humiliation de la parole », une survalorisation de l'agir apparent, de la gesticulation, du résultat concret et surtout visible.

Là où on aurait pu attendre une formule, une parole forte et radicale, ne peut alors venir que le plus fort et le plus radical des actes, le seul « non raté » selon Lacan : le suicide, précisément.

LA PRÉVENTION DANS SES DIFFÉRENTES DIMENSIONS

MAINTIEN DES LIENS ET MESURES DE PRUDENCE

Comme le fait remarquer le récent rapport du Conseil économique et social sur le suicide, *les perspectives de prévention* doivent se tenir à mi-distance entre un fatalisme qui ne retiendrait que les déterminismes psychosociaux ou psychanalytiques en soulignant leur caractère incontrôlable et un optimisme qui ne verrait dans le suicide qu'une erreur d'appréciation, un défaut d'information qu'il suffirait de corriger par une habile prophylaxie psychologique.

Il est sûr que les grands mouvements sociologiques se jouent dans des instances mal connues et surtout peu maîtrisées et que la psychanalyse nous a appris « que l'homme ne veut pas son bien », même quand on le lui désigne. Les mouvements lourds et brutaux du « gros animal » (la société), les lames de fond de la pulsion de mort et les ressacs de la culpabilité ne reconnaissent ni encadrement solide ni digue absolument efficace.

Et pourtant, un accord existe entre presque tous les intervenants médicaux, sociaux, psychologiques sur le suicide :

c'est l'importance, comme prévention des conduites suicidaires, de la *création et du maintien des liens entre les sujets*, singulièrement des liens *affectifs* (c'est-à-dire l'amitié, l'amour, le compagnonnage) et *verbaux* (c'est-à-dire la civilité, la convivialité, la civilisation, la culture au sens large et profond du terme).

Cela est une certitude anciennement reconnue (l'anomie de Durkheim) et incessamment vérifiée. Il s'agit d'ailleurs sans doute de la donnée la plus fondamentale sur les dispositions au suicide dont l'importance se trouve à présent expliquée par leurs mécanismes psychanalytiques et psychopathologiques. Nous avons besoin de l'autre ou de l'Autre pour penser, élaborer, réparer, puisqu'il n'y a affect et surtout langage que s'« il y a de l'autre » et que hors langage et hors affect le sujet humain tend à retourner à l'inanimé. Il se dirige alors vers la pétrification silencieuse de la psychose ou vers la douloureuse mortification mélancolique.

Pourtant des *zones d'ombre* existent encore sur le suicide : son importance numérique ; les rapports entre suicides, tentatives et équivalents suicidaires qui ne sont sans doute pas des phénomènes aussi éloignés qu'on pourrait parfois le penser ; les variations selon les époques, les cultures, les civilisations ; les causalités immédiates : événements de vie, maladie chronique, rencontre suggestionnante, etc. Un champ de travail est ouvert et ne s'arrêtera pas, nous l'espérons, depuis que le corps social comme les pouvoirs publics ont perçu et exprimé qu'il s'agissait d'un problème massif pour une nation tant il est « onéreux » en souffrance mais aussi en coût financier au même titre que les accidents de la route ou le sida.

Avant d'aborder la prévention à partir du maintien et du renforcement des liens sociaux, interpersonnels et intersubjectifs, il y a lieu d'évoquer, rapidement parce qu'elles sont évidentes, des *mesures de prudence* quant à la production, la commercialisation, le stockage des produits potentiellement dangereux. Il faudrait examiner en particulier la vente des armes à feu, la prescription et le conditionnement des médicaments.

Sans doute est-il nécessaire aussi, avant d'aborder la question de la prévention à long terme à partir de l'éducation, la culture, les civilisations, que je livre ici mon expérience de praticien de la neuropsychiatrie sur les signes *d'alarme* et les signes *d'urgence* qui devraient attirer l'attention de l'entourage pour tenter de prévenir l'accomplissement du geste fatal.

On devra s'alarmer bien sûr quand un sujet évoque son dégoût de la vie et même son désir « d'en finir ». Il faut se déprendre d'une croyance fausse et dangereuse selon laquelle « celui qui le dit ne le fait pas ». Ce serait faire peu de cas de ce phénomène que nous avons déjà évoqué largement et avec insistance. Le langage n'a pas seulement ni principalement fonction d'énoncer les actes en train de se faire (qui serait plutôt une démarche régressive : « commentaire des actes » des psychotiques), mais bien d'approcher et d'amorcer sur le mode élaboratif et discursif un comportement *futur*. On ne parle pas pour dire ce qu'on sait et ce qu'on fait, mais pour chercher ce que l'on ne sait pas encore et anticiper sur ce que l'on fera peut-être. Cette fonction exploratoire et anticipatoire du langage doit faire prendre au sérieux les propos suicidaires qui ne sont pas, sans doute, une annonce imminente mais le signe de la mise en marche d'un esprit dans une direction mortifère.

Parfois c'est un comportement et non un propos qui donne l'alarme à l'entourage. On s'inquiétera devant un des trois grands signes de la dépression grave : les troubles de l'*alimentation* et du *sommeil* (anorexie, réveil à trois heures du matin), le *ralentissement* portant sur les mouvements de l'esprit, de l'âme, des sentiments, de la pensée, du corps, qui fait dire du sujet déprimé « qu'il se traîne » ; parfois le ralentissement est compensé par une activité fébrile et heurtée, par une précipitation brouillonne et mécanique ; l'*indifférence douloureuse* enfin : le sujet gravement déprimé trouve que « tout est égal », selon la formule et la définition que nous donnions du nihilisme et il souffre de cette incapacité à ressentir les « choses » dans leurs différences sensibles et objectales.

Le comportement peut aussi évoquer une dissolution plus grave de la personnalité en rapport avec un processus psychotique à ses débuts ; on s'alarmera devant un *repli sur soi* ; l'évitement des contacts ; une *bizarrerie* ou un maniérisme des gestes, des mimiques, des comportements ; des *rires immotivés*, de la soliloquie ; une *perte de l'initiative* et de l'efficacité pratique ; en entendant des propos décalés de la réalité : *délire* de persécution ou mystique, d'abjection ou de grandeur et de toute-puissance.

On s'alarmera aussi quand un sujet, même en état de bonne santé psychique apparente, sera confronté à une *épreuve* hors du commun ou représentant une forte charge symbolique pour ses dispositions d'esprit singulières. L'échec d'un homme politique représente sans doute autre chose pour sa fantasmagorie propre que le licenciement d'un salarié.

Plus généralement, on ne peut préjuger de l'impact d'un événement de vie par son importance « objective » ou par sa valeur pour autrui. Les dimensions fantasmatiques et inconscientes de la personnalité expliquent qu'on ne sait jamais avec certitude comment un sujet déterminé surmontera une épreuve.

Au-delà des signes d'alarme, on peut parfois discerner des signes d'*urgence* devant faire prendre des mesures immédiates : un contact affectif renforcé, une relation d'aide mais aussi et surtout un appel à un professionnel de la santé : médecin, généraliste ou spécialiste, parfois travailleur social ; en revanche, les psychologues, psychanalystes, ecclésiastiques, auxquels on fait parfois appel en ces occurrences dramatiques, ne sont pas indiqués dans ces circonstances d'urgence vitale.

On parlera d'urgence ou d'*état de mal suicidaire* devant le début de l'accomplissement du geste ; les préparatifs sur les poisons, la corde, l'arme à feu ; la répétition quelquefois à quelques heures d'intervalle de plusieurs tentatives.

On pensera aussi à l'urgence dans des circonstances moins

spectaculaires qui pourraient être résumées sur le terme d'*état de rupture* : rupture physique ou psychologique avec l'environnement, rupture dans le comportement (agitation ou accablement de ces sujets habituellement paisibles ou dynamiques ; mais aussi calme et sérénité paradoxaux chez un sujet tourmenté, indifférent ou douloureux depuis plusieurs jours, plusieurs semaines). Le calme est souvent le signe, je l'ai déjà évoqué, d'un changement de régime psychique, où l'élaboration, la mise en perspective, l'éprouvé affectif cèdent la place à une sorte de régression opératoire de l'esprit, à l'apparition d'une « folie raisonnante » où le sujet, tout à la préparation et à l'exécution minutieuse de son projet, ne semble plus souffrir ou se poser de questions, « soulagé » en quelque sorte par sa décision et le début de sa mise en acte.

JEUNES ET PERSONNES ÂGÉES : CRISE DE LA FILIATION ?

Parfois, c'est le contexte dans lequel se présente le risque suicidaire qui fait alarme : dans ce qu'on appelle des « populations à risques » sur la base de données statistiques bien établies. Il y a lieu d'évoquer les classes d'âge exposées : les *adolescents* d'une part, les *personnes âgées* d'autre part.

En ce qui concerne les ***jeunes*** et les ***adolescents***, rappelons que le suicide est, selon les régions, la première ou la deuxième cause de mortalité avant ou après les accidents et qu'il se produit tous les ans quarante mille tentatives de suicide de jeunes en France. Les plus exposés aux risques sont ceux qui sont en situation de rupture familiale, scolaire, amicale, sociale, professionnelle. La prévention devra donc passer par la facilitation et le renforcement des systèmes intégratifs.

On pensera bien sûr en priorité au rôle intersubjectif et accordé à l'ordre symbolique qui s'exerce dans la famille, dans l'école, dans la vie associative et sportive des enfants et adolescents et même en certains cas, dans le service national.

On y évaluera avec nuance si les regroupements de style plutôt tribal et informel que réalisent par exemple les « motards » ou les amateurs de rock, n'ont pas, malgré les apparences assez ségrégatives, une fonction de lien symbolique, au moins entre participants. A mon sens, la question de la relative anomie de la classe d'âge de quinze à vingt-cinq ans qui ressortent de diverses enquêtes, où des jeunes gens font état de leur « solitude », relève surtout et plutôt de causes civilisationnelles et culturelles globales que nous examinerons plus loin.

C'est une certaine *désidentification et désorientation* des adolescents et des jeunes gens qui entraîne cette difficulté relationnelle tant il est vrai que toute vie de relation et tout lien social requièrent, au moins simultanément, un processus d'identification et de personnalisation. Or, l'état de « jeune », que la précocité de la liberté d'existence et de consommation des adolescents s'opposant au caractère tardif de l'économie productive des jeunes gens font durer souvent une quinzaine d'années, est un statut très imprécis. Il est dominé par une profonde discordance entre : d'une part une dépendance prolongée et quasi complète par rapport aux familles et au corps social et d'autre part l'absence d'engagement et de contrepartie vis-à-vis du même milieu familial et social. De ce fait, nombre de jeunes gens ont une inscription sociale et productive très faible, proche de celle des enfants, et un mode de vie (loisirs, consommation, vie privée) assez semblable à celle des adultes. Cette situation est sans doute à l'origine d'une profonde perplexité identificatoire soulignée par nombre de sociologues, en particulier par les auteurs de l'ouvrage intitulé *L'allongement de la jeunesse* (Cavalli et Galland). Le déni implicite de la différence des générations (mode de vie adulte, inscription sociale et productive enfantine) et dans une certaine mesure de la différence des sexes (sexualité précoce et longtemps indifférenciée, non engagée, à connotation prégénitale) met « en pointillés » et « entre parenthèses » le rôle structurant de la problématique œdipienne basé précisément sur ces deux différenciations.

Or, un des fruits de l'élaboration œdipienne est, on l'a

beaucoup rappelé, l'intrication pulsionnelle, « l'union de l'amour et de la haine », entraînant elle-même une transformation de l'affectivité prégénitale en sexualité engagée, de la violence archaïque en agressivité organisée, articulée, verbalisée.

La question se pose donc d'une éventuelle régression préœdipienne à l'origine de dyade souvent observée chez les jeunes : passivité-dépendance d'une part, violence-suicide d'autre part. Dans cette perspective, « l'allongement de la jeunesse » ne serait que l'autre versant des comportements violents suicidaires qui s'observent dans cette classe d'âge.

Il s'agit là bien sûr d'une hypothèse qui renverrait la question de la prévention des suicides des jeunes gens à un autre registre que celui, bien nécessaire par ailleurs, d'une surveillance médicale ou médico-sociale, d'un affinement des méthodes pédagogiques ou scolaires. Serait ici en question l'évolution des systèmes familiaux, eux-mêmes en rapport sans doute avec un certain flou dans la problématique sexuelle et une sorte d'aplatissement des différences sexuelles et générationnelles.

Ainsi s'expliquerait également la brièveté de la vie adulte, intermède relativement court entre une jeunesse qui n'en finit pas et une retraite de plus en plus anticipée et elle aussi rendue très longue par la prolongation de la durée de vie.

Ceci nous amène à considérer la possible prévention ou en tout cas la compréhension préventive d'un autre phénomène remarquable que nous avons déjà souligné : l'importance du suicide des ***personnes âgées***.

Cette importance numérique du suicide des personnes âgées d'une part et ce que nous savons de l'impact de la solitude et de l'anomie sur les conduites suicidaires, nous amènent à évoquer des éléments d'interprétation et de compréhension préventive spécifiques à cette classe d'âge. Un vieillard se suicide, poserons-nous en prédicat, en fonction de ce que nous avons développé plus haut concernant les données psychodynamiques du suicide, lorsque rien ni personne ne lui dit plus rien et qu'il n'a rien à dire sur rien, sur personne à personne. En d'autres termes quand rien, *nada*, ni personne ne lui donne à penser, à parler, à aimer.

Il y a une conviction que je voudrais bien exprimer dans cet ouvrage. Le suicide est moins lié à des *conditions* matérielles et objectives, qu'à des *dispositions* intérieures et relationnelles. Pour affirmer plus et plus précisément : on ne se suicide pas parce qu'on est vieux, pauvre ou malade, mais parce que la vieillesse, la pauvreté, la maladie, nous a insidieusement introduit la mort dans l'âme, la léthargie dans l'esprit ou la glace dans le cœur.

Je voudrais affirmer encore qu'il n'y a pas là de mécanique simple. La causalité du suicide est *toujours* endogène, affaire d'âme, et non l'effet mécanique d'une circonstance extérieure, fût-elle douloureuse et grave.

Si on accepte cette affirmation : qu'il est vain d'expliquer le suicide des vieux par leur vieillesse mais bien par le statut subjectif, personnel, social, culturel, religieux, politique des sujets humains d'âge avancé ; si les suicides se font plus nombreux depuis quelques années chez les personnes âgées ; il convient alors d'examiner en quoi ce statut a pu changer depuis cette même période.

Je suis amené à reprendre sensiblement à ce propos le même cheminement interprétatif que celui évoqué concernant le suicide des jeunes gens lui aussi, on le sait, en nette augmentation. Puisque encore moins qu'être vieux, être jeune n'est pas une situation intolérable, nous avons été amené à expliquer certaines dispositions suicidaires des jeunes gens par une crise identificatoire, elle-même facteur d'anomie et donc de panne élaborative par léthargie de l'esprit ou de l'affect introduisant « la mort dans l'âme ».

Il me semble que ce soit, bien qu'en termes différents, une même *crise identificatoire* qui frappe la classe d'âge avancé. D'être « d'un certain âge » est devenu comme « être jeune », un état, imprécis dans le statut, interminable dans la durée. La même dénégation sociale de la problématique œdipienne, en particulier en termes de différence et de mise en perspective des générations, fait que le grand-père peut passer en très peu de temps du rôle de partenaire sportif sur le mode paternel voire fraternel, à celui d'énigmatique étranger lorsque ses capacités physiques ou cognitives l'auront empêché de courir après une balle ou de suivre un hit-parade. Quand l'émoussement intellectuel l'aura encore un peu plus éloigné des circuits de plus en plus élaborés, complexes et combinatoires de la vie sociale urbaine, informatisée, il n'aura plus qu'à se retirer discrètement même si son corps *pour l'instant* reste là. Ce qu'il aurait à penser, à aimer, ce qu'il pourrait donner à penser, à aimer, n'est pas de l'ordre de la binarité linéaire informationnelle, communicationnelle, mais serait de l'ordre de la triangulation, de la filiation, de la mise en perspective de ce qui est vécu au présent, par le passé et le futur.

Faut-il une fois de plus souligner le déficit grand-paternel ou grand-maternel de notre société ? Il n'est d'ailleurs qu'un des aspects de la crise de la position paternelle. C'est ce *même aplatissement des rapports de filiation* qui fera que le grand-père ou la grand-mère, placé hors du circuit de l'immédiateté opérationnelle, ne sera pas considéré comme témoin et garant du passé et donc de l'avenir. Lui qui aurait tant à penser, à évoquer, à raconter, à prévoir, à anticiper en se référant au cursus de l'histoire d'une famille ou d'un pays, se voit plus ou moins sommé de vivre dans l'immédiat pratico-pratique ou pratico-inerte.

Tant qu'il est valide, il lui est loisible, puisqu'il a été amené à renoncer à l'histoire, à découvrir la géographie sous forme de voyages organisés pour sa classe d'âge où il parcourt le monde en autocar, en avion, souvent à marche forcée, sans contact bien sûr avec les populations ainsi « visitées », mais sans lien non plus avec ses concitoyens d'âge différent qui évitent soigneusement ces « voyages du troisième âge ».

Ainsi une certaine platitude géographique vient-elle remplacer les profondeurs et les perspectives de l'histoire et les contacts à l'intérieur de la couche mince d'une tranche d'âge viennent-ils se substituer aux échanges et aux explorations de l'épaisseur transgénérationnelle. Ainsi se vit, sur un mode insidieux et anodin, la devise nihiliste *no future*, elle-même conséquence d'un *no past*.

L'abolition imaginaire, le déni du travail du temps, de l'élaboration d'une histoire, est la forme la plus apparente d'un *déni de la mort* elle aussi relevée par bien des sociologues, observateurs des mentalités contemporaines. S'il n'y a pas de mort, pas de passé, pas de futur, seulement du présent à deux dimensions comme une tranche de jambon sous cellophane, comment les personnes âgées pourraient-elles penser, aimer, donner à penser, à aimer ?

Elles n'auraient à dire que le passé, et, on l'oublie trop, le futur ; or seul l'immédiat le plus plat nous intéresse. Nous ne voulons pas savoir que nous sommes nés d'une relation d'amour, que le sexe nous a divisés, nous différenciant de l'autre et nous décentrant de nous-mêmes ; que la filiation nous a mis dans une histoire qui nous a précédés et nous survivra et dont nous suivons, un temps, le cours dans une navigation dont on ne peut prévoir, un peu, l'aval que si on tient compte de l'amont.

Tout cela nous voulons l'oublier. Alors le grand-père, l'homme d'âge, le vieillard, que vient-il faire dans cette platitude immédiate ? Comment s'étonner que leur âme défaille et leur esprit s'éteigne dans un monde où ils n'ont rien à échanger, dans une atmosphère saturée d'évidence immédiate et imaginairement intemporelle.

Est-il besoin de dire ici que je n'indique que les tendances et les prévalences, comme le veut l'approche sociologique et que les exemples abondent de grands-parents, ambassadeurs du passé et garants du futur, échangeant leur profondeur de perspectives contre la linéarité immédiate, leurs capacités métacognitives contre les performances cognitives requises par le monde moderne, ou pour dire plus simplement leur expérience et leur « regard lointain » contre le tâtonnement myope sur l'immédiat.

TROIS AXES ESSENTIELS : L'ÉDUCATION, LA VIE SOCIALE, LES MODÈLES CULTURELS

Est-il possible de synthétiser davantage et d'avancer quelques *principes généraux de prévention* des dispositions suicidaires, quels que soient les classes d'âge, les milieux sociaux, les situations individuelles ?

Sans doute peut-on regrouper ces principes selon trois grands axes. Le premier se situerait autour de l'*éducation individuelle*, le deuxième dans celui de la *vie sociale* et le troisième, à mes yeux le plus important, a trait aux *modèles culturels* et aux styles de civilisations.

En ce qui concerne l'*éducation* individuelle des enfants, je me référerai de façon schématique à ce que j'ai développé plus haut sur les conditions par lesquelles un sujet devient apte à une vie de l'âme et à une vie de relation à autrui. L'âme, ainsi que je l'indiquais à propos de la pathogénie des personnalités frontières, dépressives ou « personnalités sans psychisme », prend naissance et développement dès les premières semaines et les premiers mois de la vie du petit enfant, à travers une évolution maturante par le jeu dans l'espace illusionnel qui l'unit et le sépare de sa mère « suffisamment bonne » et de son environnement. En d'autres termes, le petit enfant se construit une âme sous l'effet combiné du soutien, de l'attachement, de « l'illusion » de l'amour maternel d'une part et de la distance joueuse d'autre part, de la « désillusion » qui progressivement se crée et se creuse entre lui et sa mère. Si celle-ci était « insuffisamment bonne » les charges illusionnelles, les introjections ne pourraient avoir lieu ; si celle-ci était « trop bonne », l'espace de jeu ne pourrait se creuser.

Lorsqu'on se souvient comme il est important que cet espace potentiel soit vivace et habité par un bel et bon objet transitionnel pour assurer la vaillance de l'âme et donc la mise à distance des vertiges suicidaires, on comprendra les enjeux d'une relation mère-enfant précoce, forte et juste. Il importe que le désir et l'affect de la mère soient suffisamment assurés pour éviter vis-à-vis de son enfant tout à la fois le rejet et l'ambivalence ou l'envahissement et la captation.

Est-ce trop simpliste de dire que cet affect et ce désir maternel sont habituellement l'état d'une mère heureuse dans son amour pour le père de l'enfant, ce qui lui permet de ne pas « demander » à son rejeton réparation et consolation affective, mais au contraire lui « prodiguer » les effets et les retombées, les « débordements » de son amour pour son conjoint ?

On arrive ainsi à une proposition, qui pour être simpliste n'en est pas moins vraie dans son évidence et pourtant souvent contredite dans les faits : pour faire un enfant à l'âme chevillée au corps, il est nécessaire qu'une femme aime un homme d'amour. Faire l'amour est nécessaire à l'engendrement d'un enfant, vivre l'amour est nécessaire à l'établissement et au développement de son âme.

On éprouve quelque gêne à formuler ces truismes mais les multiples formes de procréation assistée, les dispositifs d'éducation par des mères célibataires, certaines adoptions qui semblent venir combler un vide dans une existence solitaire ou dans un couple esseulé, certaines relations dans une famille où l'enfant répare l'insatisfaction ou la dépression maternelle ou l'éloignement et l'égoïsme paternel, nous font penser qu'il y a tout de même lieu de rappeler ces données élémentaires sur les bases narcissiques du développement affectif précoce du petit enfant.

Cependant, on l'a vu, dans la première partie de cet ouvrage, les conditions facilitantes de l'économie illusionnelle et le respect des besoins narcissiques primaires, n'assurent pas, à eux seuls, pour le petit enfant, une bonne capacité affective et relationnelle. C'est dans la triangulation œdipienne que s'établit, par la mise en jeu de la métaphore paternelle, par les mécanismes de refoulement structurants, l'accès à la parole et à la subjectivité, l'excentrement du sujet, la différenciation sexuelle et générationnelle.

Sans revenir longuement sur les fruits de la maturation au travers de la dramaturgie œdipienne, il convient tout de même de souligner, dans ce chapitre sur les préventions individuelles des conduites suicidaires, que la triangulation asymétrique père-mère-enfant est la meilleure garantie pour cet enfant d'un juste usage de son existence ; d'un accès à la pleine parole, à un sens discriminatif aigu sur le modèle de la différence des sexes et des générations, à une vie pulsionnelle dégagée des ambivalences.

Vraie parole, capacité à percevoir les différences, proximité et fluidité de la pulsion sont les conditions nécessaires pour qu'une vie se déploie en une existence singulière. Alors il faut bien reprendre encore les truismes : *un enfant puise son âme dans le bonheur de sa mère, il élabore son désir et sa pleine parole à partir de l'amour amoureux de son père et de sa mère*. Il ne s'agit pas là d'une ritournelle sentimentale : « Parents aimez-vous, soyez unis, aimez votre enfant... » Il ne s'agit pas non plus de prescription morale. Il s'agit de tenir compte de ce que nous commençons à savoir sur le rôle de l'affect, tendre et sexuel, dans l'établissement et le développement du psychisme humain en son entier, y compris dans ses dimensions les plus fondamentales et les plus précoces que nous avons choisi d'appeler ici l'âme.

Pour parler en termes lapidaires, sans doute trop lapidaires, on se suicide parce qu'on est « paumé », ne trouvant plus le chemin pour se rejoindre soi-même (faille narcissique, défaillance de l'âme), ou parce qu'on est seul, ne trouvant plus les chemins vers l'autre pour élaborer, penser, aimer, détester (ambivalence, inhibition névrotique ou dépressive).

On voit que ceci est loin des « bons conseils pour bien éduquer les enfants », il ne s'agit pas de savoir comment *faire*, quel *comportement* avoir, quelle *attitude* adopter. Freud disait qu'en cette matière de toute façon on *fait mal*, signifiant ainsi, je crois, que d'aborder la relation des parents entre eux et avec leur enfant, en termes de « savoir-faire », de comportement dicté ou d'attitude empruntée, ne peut être qu'une impasse catastrophique, un double message frustrant et désorientant pour l'enfant puisque ce qu'il attend de ses parents est autre chose qu'une quelconque habileté comportementale, qu'une bonne attitude, qu'un savoir ou un savoir-faire particulier.

L'exigence est autre, celle d'*être*, et plus précisément d'*être heureux*, c'est-à-dire la forme plénière, la seule véridique de l'être. Le « devoir » que nous avons vis-à-vis de ceux que nous aimons et qui nous aiment est d'être heureux. Encore une fois soyons laconique et éventuellement simpliste : un enfant aura l'âme chevillée au corps si sa mère *est* heureuse avec lui, si ses parents *sont* heureux ensemble et non s'ils ont accompli les bons gestes et prononcés les bonnes paroles et s'ils ont eu le bon *comportement* comme on l'entend si souvent.

Qu'on n'entende pas cela comme une injonction paradoxale, impossible à tenir, puisque le « bonheur ne se commande pas ». Sans doute est-ce vrai pour le bonheur ; mais le malheur, l'aigreur, le casse-tête, le cache-cœur, l'éparpillement divaguant, les n'importe quoi précipités, eux se commandent ou plutôt s'évitent et se rejettent. Il y a un style de vie qui se choisit, des « conditions facilitantes » (Winnicott) dont on tient compte et que l'on recherche pour éviter des embroussaillements du désir, les fébrilités épuisantes du cœur, les extinctions de la voix intérieure, les affaissements de l'âme dans les tintamarres, les cris à tue-tête, les agitations à corps perdu.

C'est en passant que je rappellerai à ce propos ce que j'écrivais plus haut sur l'économie de l'âme ; sur le rôle nutritionnel pour cette âme, toujours en péril de s'étioler, se dissoudre ou s'éparpiller, des formes mêmes les plus simples et les plus familières de recueillement, de méditation, de débroussaillage des esprits par des rencontres amicales, le commerce avec des textes, des œuvres et la remontée vers leur source.

Il faut souligner en effet le rôle roboratif pour l'âme, anti-suicidaire donc, de la ***culture de vie*** au sens élargi que j'ai donné à ce terme. J'ai évoqué, parlant des « personnalités sans psychisme », « *as if* », ou dépressives, comment une société d'images sans mots pouvait contribuer à la « panne élaborative » qui les frappe. Comment une société *fun* et *light*, dite aussi « du spectacle », celle du clinquant brillant et aphasique, est apte à capter l'attention, à distraire de soi-même, à suggérer des comportements sur le modèle du slogan publicitaire, plus qu'à donner à penser, à goûter, à aimer, à haïr, dans la singularité d'un désir.

J'ai dit qu'il s'agissait d'un très vieux combat entre *l'idole* et *le verbe*, énoncé tout au long de la Bible mais aussi dans chaque grande religion monothéiste et dans la plupart des grandes civilisations. Ce vieux combat continue en notre temps de *look*, de clichés, de formules brillantes, de petites phrases, de slogans, de spots. Les enjeux sont les mêmes quand un personnage politique, un écrivain, une entreprise, se révèlent souvent plus soucieux de se bâtir et de se « peaufiner » une image à coups de liftings communicationnels que de découvrir progressivement leur identité singulière au fil de l'énonciation d'un projet, de l'élaboration d'une action, du dévoilement progressif d'un idéal.

On voit de quel « travail » la communication et la fascination par l'image tendent à faire l'économie. Dans l'archaïque « assomption jubilatoire de soi-même » (Lacan), « l'infans » face au miroir se leurre sur ses capacités et sa complétude : il méconnaît, dans la contemplation de cette image de « petit bonhomme », qu'il est encore inapte à énoncer son désir ; il dénie son intégration imparfaite, son immaturité psychomotrice. Ce sera l'œuvre de la maturation affective au travers du complexe d'Œdipe que de rompre cette illusion leurrante et aliénante chargée en potentialités violentes pour que l'enfant devienne un être de désir et de parole capable d'élaborer les voies et les moyens de son existence, les chemins de sa liberté.

Ainsi la condamnation des multiples formes d'idolâtrie, des plus vulgaires aux plus subtiles, par les grandes civilisations, souvent présentées comme d'antiques préceptes divins, sont plutôt à mes yeux un rappel très actuel de la nécessité du verbe, de la parole vive et pleine, comme instrument iconoclaste et outil de forage vers la vérité et les grandes nappes phréatiques du *fond commun anthropologique* (Sulivan).

La traversée des apparences, la brisure du miroir et de l'idole par la parole pleine, n'est donc pas un simple souci esthétique, éthique ou civilisationnel. Il s'agit pour chacun d'éviter des cloisonnements étouffants en soi-même mais aussi à l'extérieur de soi-même (clivages) ; de mettre en perspective et d'introduire la troisième dimension dans le rapport au monde, c'est-à-dire d'éviter que tout soit mis sur le même plan (position nihiliste) ou que tout soit « mélangé » (position mystique).

C'est surtout les conditions nécessaires pour que se produise ce *travail psychique* que je n'ai cessé dans cet ouvrage d'évoquer, peut-être jusqu'à la lassitude du lecteur, comme la seule prévention du vertige suicidaire. On se suicide parce qu'on a le nez sur un problème, sur le ternissement d'une image, la sienne le plus souvent ; parce qu'on croit que tout se résume à cette surface plane, qui tout d'un coup est devenue grise ou noire. « Je suis un écrivain célèbre mais vieillissant : l'image est ternie, je ne me vois plus bien, je disparais donc. » « Je suis un homme politique, mon aura, ma brillance sont en baisse ; je ne vois plus rien devant moi : je m'éclipse. »

Seuls le mot, la phrase, mus par l'affect et le phantasme, la représentation, eux-mêmes mis en œuvre et nourris par une tradition, une civilisation, une culture, un héritage de pensées et de paroles peuvent signifier au moment de l'aveuglement et de l'éblouissement suicidaire, qu'il y a « une vie avant la mort », au-delà de ce temps où l'on a pris l'ombre d'un instant pour la nuit définitive.

Culture de vie, civilisation et civilité du verbe, éveil par le langage du somnambulisme nihiliste ou mystique induit par les images et le bruit. Ces formules peuvent paraître vagues et, en tout cas, concepts peu opérants en prévention des vertiges suicidaires.

LA CULTURE SE CULTIVE...

Il faut en effet sortir des exhortations et des vœux pieux. Une culture n'est pas une production spontanée ou sauvage, bonne ou mauvaise, nourrissante ou affamante, selon les lieux et les saisons. La culture, faut-il le dire, se cultive. C'est-à-dire, à l'image de la production des biens alimentaires : se laboure, se sème, se sarcle des herbes folles, se fume, se moissonne, s'engrange, se prépare, se distribue, se sert à bon escient, se partage. La culture d'un pays, une civilisation, est aussi le fruit d'un travail, d'une élaboration, c'est-à-dire de choix, de réflexions, de mises en perspective selon des ordres de valeur d'urgence. Il n'y a de culture qu'à travers des actions et des choix culturels qui seuls qualifient profondément une civilisation.

Le spontanéisme est souvent régressif. L'alimentaire va au *fast-food* plus qu'à la gourmandise ; le loisir à la sieste plus qu'à la danse ; la lecture au journal du jour plus qu'à celui de Charles Juliet ou de Julien Green. Un pays s'honore et maintient la vaillance de son âme par des orientations culturelles qui ont force d'arrachement vis-à-vis du sommeil, de l'habitude ou de l'hébétude.

La force de la Renaissance fut celle des peintres, des architectes, des sculpteurs, mais aussi celle des princes, des papes et des mécènes. L'esprit de Venise est inspiré de Vivaldi, Goldoni, Carpaccio, mais aussi des marchands, du Grand Conseil, des doges. Versailles a été bâti par Le Nôtre et Mansard mais aussi par Louis XIV, ses ministres, ses conseillers, ses favorites. Le génie d'un temps pour éclore et se développer a besoin d'un contexte facilitant, d'un travail de préparation et de suivi, cela qu'on appelle une *action culturelle* pour en signaler le caractère agissant et moteur sur une civilisation.

Si l'on veut bien considérer que le risque suicidaire varie en fonction des plus ou moins grandes capacités élaboratives d'une civilisation, d'un milieu social, d'une classe d'âge ; si l'on veut bien considérer aussi que cette capacité d'élaboration individuelle ou sociale est tributaire, entre autres, d'un usage soutenu et aisé de la langue, du langage, du verbe, de la phrase, du texte et donc de la culture telle qu'elle s'articule et s'énonce dans la littérature, les discours, les conversations, les entretiens, les textes de loi, les prises de parole publiques ; si on veut bien considérer que les douze mille morts par suicide en France tous les ans, les cent vingt mille « tentatives » représentent *en soi* un problème majeur de santé publique ; si on veut bien admettre qu'au-delà de cet « en soi », ces douze mille morts représentent *pour nous*, pour notre pays, un symptôme douloureusement interrogatif et peut-être significatif et en tout cas un signe d'alarme ; si on veut bien rapprocher tous ces « considérants », on s'avise que le débat entre l'image et le verbe n'est pas une querelle de bel esprit mais bien une question vitale ; pour certains de vie ou de mort ; pour tout un pays sur la place consentie et reconnue à la mort dans la vie de ce pays.

Mort déniée, méconnue, « forclose » parce que non assumée dans le travail de la langue, dans le grand remuement des idées et des sentiments ; parce que oubliée, effacée par le vague des *fun, light, skate* ; noyée dans les éblouissements du *sea, sex, sun* ; congédiée du cercle enchanté et sans paroles du « raves-sono-fluo » ; mort sans mots pour la dire, en panne d'énonciation ; exclue du langage et du sens commun.

Mort faisant retour avec la force, la violence du dénié, faisant irruption dans le réel des corps de ceux-là mêmes qui par angoisse, par absence, par déni de la réalité intérieure et extérieure, de la loi, l'avaient bannie de leur monde. Mort congédiée, mise à la porte d'une société du spectacle sans mot et de la distraction sans phrase, mais entrant insidieusement par la fenêtre laissée entrouverte d'un service de réanimation, d'une clinique psychiatrique ou d'un institut médico-légal.

La prévention du suicide est donc à mon sens, avant tout, *affaire de mots*, question de phrases. Voyez d'ailleurs comme cette formule a connotation d'insignifiance. A présent quand on évoque les « mots », la « culture », c'est avec un sourire de condescendance sympathique ; on « ne sort même pas son revolver » comme Goebbels qui, au moins, en reconnaissait leur puissance. La prévention du suicide dans un pays passe par la restitution aux mots de leur statut plénier, fondateur, réparateur, créateur, vital.

Comment ? *Par les moyens qu'on utilise lorsque la santé publique est en jeu* : on l'a fait pour le tabac, l'alcool, la drogue. Encouragement des produits non toxiques ou bénéfiques, taxe sur les produits toxiques au profit des premiers, interdiction des produits très dissolvants pour la conscience, le psychisme, l'âme.

Concrètement ? On réinvente *autrement* un *autre* Théâtre national populaire, une *autre* NRF, un *autre* Surréalisme, un *autre* Groupe Octobre. On taxe la vidéo et la sono, on détaxe la parlote et la scribouille. On fait de la pub pour France Culture avec l'argent pompé sur les radios-robinets de musique techno. On décrète que la télévision sera le plus grand lieu d'élaboration et de diffusion de cette culture du verbe, de cette civilisation langagière. En clair, on laissera parler, on lira les visages, on ouvrira la porte au logos, sans attendre minuit. En revanche on repoussera les émissions hypnotiques (clips, séries, jeux, etc.) à l'heure tardive où les esprits, légitimement, s'assoupissent.

Bref, on inversera les urgences et les moyens au profit du langage articulé et de la parole vive, surtout celle pour laquelle la télévision peut faire merveille : la parole improvisée, controversée, débattue à chaud, proférée avec cœur et esprit.

On enlève la Légion d'honneur aux vedettes du disque pour la donner aux petits poètes de deux sous ; on réduit les décibels et les watts pour alimenter les multiples petites lampes qui éclairent les rimailleurs, les tricoteurs de rêves, les ébénistes de l'esprit, les orfèvres de la formule juste, les réparateurs d'âme.

On casse le veau d'or, on vend les pierres des idoles et on achète de belles viandes et de bons vins et on fait autour un grand banquet platonicien ou républicain, une grande kermesse flamande, cordiale, conviviale, joyeuse, partageuse et surtout ! surtout jacquetante et jacassante...

Des mesures plus pratiques ? Que le *best-seller* paie pour le *low* ou le *long-seller* ; que la frivolité sponsorise l'aventure, pas seulement les courses à la voile mais aussi les voyages au gré de la plume ; que l'argent de la distraction et de l'étourdissement centrifuge paie, en partie, les hâleurs et pagayeurs qui mot à mot remontent les fleuves et découvrent les sources ; l'argent des buveurs et des fumeurs est bien censé être dirigé vers la recherche sur le cancer et les vacances au grand air des enfants des villes.

Les écrivains, les poètes, les penseurs, les parleurs « roulent pour nous ». Ils véhiculent, ils *métaphorisent* dirait-on en grec le poids de la charge humaine et le ramènent à son juste centre de gravité. Ils corrigent inlassablement la dérive des continents, des comportements humains ; ils ramènent continûment les peuples si enclins à se dissoudre dans la torpeur ou les divagations. Ce sont les vrais travailleurs, ceux-là qui déplacent les poids les plus lourds sur les plus grandes hauteurs ; le plus d'insignifiance vers le plus élevé de la signifiance humaine.

On pensera en lisant ceci qu'à force d'exigence radicale on peut se trouver réduit à l'impuissance ou à s'éloigner des applications concrètes. Je suis donc amené ici à évoquer la prévention du suicide, non seulement en termes d'ambition culturelle mais de *précaution sanitaire et sociale* ; non seulement en termes d'orientation de civilisation mais de mesure d'*éducation collective et d'assistance*.

La mesure préventive essentielle dans ce domaine est de rompre le mur du silence, de la pudeur, de la discrétion, du respect de la vie privée du sujet (avant que le sujet ne se soit privé de vie...).

Entre le trop ou le trop peu d'interventions verbales, il vaut mieux, me semble-t-il, choisir la première solution. L'attitude dépressive ou suicidaire est souvent caractérisée par l'incapacité à formuler une demande de soutien, d'éclaircissement, tant le sujet ainsi frappé se perçoit comme indigne et se révèle inapte à s'exprimer. Aussi ne faudra-t-il pas attendre, pour proférer une parole publique ou privée, que celui qui se trouve en souffrance suicidaire nous interroge, ni même qu'il soit « prêt à l'entendre ». Cela voudrait dire qu'on ne parlerait que pour exprimer ce que l'interlocuteur sait déjà. S'il était « prêt à entendre » une parole sur le suicide, c'est qu'il ne serait pas suicidaire, c'est qu'il aurait déjà en lui les dispositions élaboratives et les pistes de dégagement.

D'autre part la prise de parole en direction des suicidants me paraît devoir s'écarter délibérément de ce que nous avons repéré sous le nom de discours communicationnel ou informatif et au contraire s'inspirer de la parole vive, profèrative, affective, émotionnelle, performative. Quand on a la mort dans l'âme et la glace dans le cœur, un propos rigide et froid ne peut que glisser sans atteindre ou accroître encore les glaciations de l'esprit.

Il me semble aussi qu'une prise de parole sur le suicide devrait s'abstenir de le présenter comme un fléau qui s'abattrait implacablement sur douze mille personnes chaque année, à la manière d'une épidémie ou d'une catastrophe naturelle. Le suicide *n'est pas un fait ou un acte* faisant irruption dans une vie, mais le plus souvent un lent *processus* de dévitalisation de l'âme qui n'aboutit heureusement à la mort que tardivement et inconstamment. La prévention du suicide ne consiste donc pas à arrêter le geste meurtrier au dernier moment par une information, une action, une intervention médico-sociale ou médicale. Elle consiste à mes yeux, comme je l'ai longuement indiqué dans cet ouvrage, à assurer à l'âme, individuelle et collective, les meilleures conditions d'établissement, de nutrition, de développement, de déploiement, de fécondité.

QUAND L'ÂME DÉFAILLE : URBANISME FROID, DROGUES DURES, EXCLUSION DOUCE

C'est dans une perspective globale et longitudinale que j'évoquerai à présent des conditions où l'âme trouve tout spécialement à défaillir et le cœur à s'épuiser : l'*urbanisme* dissolvant ; le mésusage, dissolvant lui aussi, des *produits* psychoactifs : licites (alcool, médicaments) et illicites (drogues de tous ordres) ; l'*exclusion* enfin.

Il n'est pas dans mon propos de reprendre longuement ce qui a été dénoncé si souvent du caractère déshumanisant non seulement des ***grands ensembles urbains*** mais aussi, et cela est moins souvent souligné, des ***communes rurales*** dépeuplées, désertifiées, par le départ des services publics, des commerces, etc. Dans cet ouvrage écrit à partir de mon expérience de psychiatre, j'éclairerai ce phénomène bien connu en le rapprochant de ce que j'indiquais plus haut sur la fonction élaborative du lien social, interpersonnel, intersubjectif, et le renforcement de ce lien par les usages de la civilité, de l'urbanité, de la civilisation et de la culture partagée.

Dans un ensemble urbain qui se résumerait en un lieu pour vivre et non pour exister dans les diverses dimensions de l'humain, en particulier les dimensions symboliques, culturelles, cultuelles, civilisationnelles, le grand nombre d'individus ainsi regroupés risquerait de se réduire à une multitude de solitudes juxtaposées. Chacun serait alors dans sa bulle identitaire, d'autant plus agressivement défendue qu'elle serait fragile et, on l'a vu, « non renouvelable », précisément par défaut d'élaboration personnelle et d'échanges civilisationnels.

On dira, certes, qu'il existe dans ces grands ensembles des « comités d'animation » ou des « centres sociaux et culturels ». La question se pose, sans que je puisse y répondre généralement, si ces centres ou comités sont plutôt des lieux de renforcement identitaire, par l'« extérieur », pour des individus, des groupes, des minorités ethniques ou sociales ou bien des lieux d'acculturation de l'« intérieur » par les voies de la subjectivité, du langage, de la personnalisation, de l'individualisation. En d'autres termes, l'action sociale, dans les grands ensembles, va-t-elle dans le sens d'une plus forte appartenance à un groupe homogène identitaire ou d'un accès à la liberté et à la singularité de chacun ?

L'enjeu est de taille vis-à-vis des conduites suicidaires ou plus généralement des conduites à risque, quand on se souvient comment les identités groupales figées et cloisonnées favorisent la violence externe mais aussi interne et limitent ou figent le champ élaboratif pour chaque individu de ce groupe. On peut donc souhaiter que les projets d'urbanisme évitent les cloisonnements et les ségrégations soit par origine ethnique soit par niveau social, soit par classe d'âge tant le rapport à l'identique est marqué de potentialités violentes et de pauvreté élaborative.

En d'autres termes une ville ou un quartier ne doit pas reproduire dans l'espace social les confusions et les cloisonnements de l'espace psychique dépressif. Il doit au contraire mettre en relation, tensionnelle mais favorable au travail psychique, les différentes générations, les divers niveaux de culture ou modes de pensée, les multiples styles d'existence. Qu'on veuille bien comprendre qu'il ne s'agit pas dans mon esprit de la fameuse « mosaïque », modèle de cloisonnement, mais d'un système interactif global dont le lien ne peut être que ceux de civilité et de culture. Un pays, une ville, si elle offre un toit, doit offrir en même temps les moyens de la culture et de la citoyenneté. La convivialité, l'hospitalité, est à ce prix. Pas de toit sans style de vie, sans civilité commune.

Vis-à-vis des conduites suicidaires, la prévention de la ***toxicomanie***, au sens large, me paraît devoir être envisagée, là aussi, avec la profondeur de champ qu'il convient.

Comme cela a souvent été dit, ce n'est pas le produit qui crée à lui seul la toxicomanie, mais surtout la manière dont il vient prendre place dans l'économie psychique de celui qui s'en empare et le consomme. Ce ne sont pas les détachants, les vins de Bordeaux, les havanes, les antalgiques qui créent les ravages sur les esprits et sur les corps, mais le détournement qui est fait de l'usage du trichloréthylène, de l'alcool, de la nicotine, de la codéine, par une consommation structurellement perverse. Si ces produits sont consommés par les toxicomanes, ce n'est pas par goût, ou intérêt objectal, mais pour l'effet qu'ils procurent sur le corps ou l'esprit, pour la jouissance narcissique qu'il procure, dans le désaveu des lois élémentaires de prudence et d'hygiène. Plaisir d'organe, embrasement narcissique, désaveu de la loi, on voit comment ces conduites peuvent en effet relever de ce que nous avons repéré de la structure perverse.

La prévention contre ces mésusages, tout en limitant par des dispositifs législatifs les moyens d'accès aux produits, devra à mes yeux tenir compte essentiellement du fait que, comme la mort, la loi est le partenaire nécessaire et quasi « recherché », sur le mode du défi, par le sujet pervers. Aussi, tout en souhaitant le maintien des barrages législatifs et en sachant combien ces produits ainsi utilisés ont en eux-mêmes un effet dissolvant pour l'âme, je considère que la problématique est, pour l'essentiel, bien en amont.

Au risque de paraître privilégier abusivement la dimension psychopathologique et inconsciente, je renverrai avec insistance cette prévention aux nécessités d'une triangulation œdipienne accomplie, au mieux et en son temps, c'est-à-dire précocement ; à l'impact indispensable de la métaphore paternelle, non seulement dans la famille mais dans la société qui a, entre autres, pour fonction de renforcer cette position paternelle ou de suppléer à ses éventuelles défaillances par la mise en jeu de la loi certes, mais aussi, on me pardonnera de le dire encore, de la civilité, de la civilisation et de la culture.

Le désaveu de la loi, de la réalité objectale ; la recherche du « court circuit », de l'embrasement auto-érotique, qui caractérise l'usage pervers des drogues, ne prend pas naissance dans la rencontre d'un sujet avec un produit mais, pour l'essentiel, quinze ou vingt ans plus tôt, dans la confusion d'une famille en partie suscitée par l'aplatissement en deux dimensions de la culture sur laquelle elle repose passivement et dans l'épaisseur de laquelle elle aurait dû vivre et se déplacer.

La lutte contre ***l'exclusion*** : est-ce assez dire qu'il s'agit d'une disposition préventive du suicide ? N'y a-t-il pas plutôt quasi-identité entre la situation d'exclusion et la situation suicidaire ? Le suicide n'est-il pas la forme achevée, aboutie, absolue, irréversible, dépassée, d'un processus d'exclusion ? L'ensemble de cet ouvrage a tenté d'expliciter l'idée que l'esprit, le cœur défaillent quand il n'y a plus personne à qui donner à penser, à aimer, à détester ; plus personne à aimer, à penser, à détester. L'esprit humain est ainsi fait, qu'il ne marche qu'au désir, à l'amour ou à la détestation, c'est-à-dire en fonction de la présence réelle, symbolique ou imaginaire de l'autre.

L'exclu est celui pour qui il n'y a plus d'autres et qui n'est plus l'autre de personne, du moins le pense-t-il, l'éprouve-t-il, le croit-il.

Le mot si souvent prononcé d'exclusion n'est donc à mes yeux qu'une autre dénomination pour désigner le processus de mortification de l'âme pouvant s'accomplir et se réaliser en son entier dans la dissolution suicidaire.

Et pourtant ce n'est pas ainsi qu'on entend le plus souvent ce mot. On pense désigner ainsi, sur un mode moins dramatique et plus accessible à une action sociale ou politique, une sorte de classe sociale défavorisée, comme il en serait d'un groupe de personnes n'ayant pas eu la chance de participer à une distribution de bienfaits ou de cadeaux.

Il est vrai que lorsqu'on parle de l'exclusion de certains jeunes gens, de nombreuses personnes âgées, de tant de chômeurs, d'une foule de personnes en rupture de couple, de milieu social ou d'environnement culturel, on ne mesure pas d'emblée que les enjeux dépassent de loin l'inconfort, la frustration, le chagrin. Les mécanismes en cause ne sont pas en effet spectaculaires, cataclysmiques ou catastrophiques.

Un *jeune* peut se trouver en « zone » ou en « galère » par la succession de défaillances surajoutées, cumulées, s'entraînant les unes les autres en chute de dominos : un milieu familial désacculturé ou dissocié ; des traumas patents ou larvés de la petite enfance ; une ambivalence maternelle ; un effacement, un flou, une absence de la figure paternelle ; des difficultés de concentration ou de mentalisation entraînant un semi-échec scolaire ; des moqueries ou un rejet des compagnons de classe ; un échec des premières tentatives de séduction ou de liens amoureux ; un appauvrissement progressif des investissements psychiques au profit d'objets, d'actes, de distractions ou de comportements dissolvants ; une consommation de produits dissolvants, eux aussi, pour la psyché (alcool, herbe, médicaments détournés).

On voit que chacune de ces défaillances n'a pas valeur de plongeon suicidaire ni même de sortie brutale et complète du circuit social, relationnel ou culturel. Mais l'une entraînant l'autre, l'autre aggravant la première et entraînant une troisième, on aboutit progressivement à une vie sans existence, à une mentalité sans âme ; à des comportements en série ponctuelle, sans continuité ni mise en perspective ; à des appartenances groupales sans lien interpersonnel, sans dégagement subjectif.

On vit, on survit, on agit, on réagit, on imite ; on parle une langue de quarante mots, sans verbe ni pronom, sans phrase ; on tourne en rond, à pied, en moto ; on flippe au flipper ; on boit de la bière ; on utilise des filles ; on se rassemble, on se ressemble ; « faisant corps » avec les autres, on perd son âme à soi. On est presque disparu, un jour on disparaît, « pour un rien », une fille, une dispute, une humiliation, une violence « qui tombe mal ». On est tombé.

Ce n'était qu'une petite chute pourtant ; mais il n'y avait pas de filet, rien pour se rattraper, pour accrocher sa pensée, pour remailler une déchirure, pour panser ses blessures, pour poser sa tête, son cœur, son esprit, son âme endolorie, bleuie, fracturée. Même pas de mots pour dire, se plaindre, demander. Dans les quarante mots il n'y a pas : chagrin, souffrance, consolation, révolte, musique, poème, chanson, déréliction, restauration, gentillesse, fantaisie, désir. Les grands médecins-pompiers de la misère aiguë : Prévert, Mozart, Monet, Spinoza, Michaux, Delteil, ne sont pas joignables de ce grand désert progressivement installé, de ce Sahel de l'esprit, de ce paysage lunaire sans âme qui vive.

Les *vieux* non plus on ne les a pas mis dehors d'un coup avec pour tout viatique une couverture et un quignon de pain comme dans les légendes. Ils ont même souvent une petite pension, un petit studio, une petite chambre en foyer-logement, des petites occupations, des petits bonjours du voisin de temps à autre.

Ce n'est pas qu'ils n'ont pas d'enfants, mais ils sont assez loin et très occupés avec leurs problèmes « individuels ». Ce n'est pas non plus qu'ils sont des solitaires, mais le mari est mort et aussi certains amis, et d'autres sont à la maison de retraite ou ailleurs...

Ce n'est pas qu'ils ne sachent pas lire ou écrire, mais le journal parle tellement de l'Europe, de Sarajevo, des présidentielles, des affaires, que ça décourage la comprenette ; personne ne parle plus, n'écrit plus, sur ces jolies petites choses d'autrefois...

Alors on ne sait plus pourquoi on fait ses courses, on épluche, on cuit, on mange, on lave, on ramasse, on range, on marche, on tourne, on s'assied ; on s'assied de plus en plus, les coudes sur la table et rien devant les yeux que ce bois blanc où, du revers des mains, on essuie lentement et inlassablement les quelques miettes microscopiques qui s'y trouvent peut-être... On sursaute quand on sonne à la porte. Qui pourrait bien ?... Un voleur ?... Non, c'est pour le compteur. Il est gentil ce monsieur. Il fouille bien un peu dans les affaires... Il est parti. On s'aperçoit qu'il manque des billets, l'argent des économies. On n'ouvrira plus. On restera assis à regarder le bois blanc, à se frotter les mains, à attendre la fin. A moins de ne pas attendre...

Là encore, pas de brutalité, de grands gestes de violence pour mettre hors jeu qui que ce soit. Là aussi le grand désert a commencé modestement par juste un petit bout de solitude et d'incompréhension pour le monde alentour si compliqué, si étrange, étranger.

Le *chômeur* est d'abord très occupé. C'est fou ce qu'il y a comme choses à faire quand on perd son travail. Les demandes, les fermetures de ceci, les ouvertures de cela, les associations, les solutions, les cotisations, les exemptions, les inscriptions ; les dégagements, les engagements, les déménagements.

Petit à petit on y voit plus clair, puis encore plus clair ; puis tellement clair qu'il n'y a plus rien à voir ni à dire, ni à penser, ni à demander, ni à espérer, ni à attendre, ni à craindre, ni à chercher.

Il est clair que la crise n'est pas une crise et que le

demandeur d'emploi n'est pas demandeur d'un emploi qui n'existe pas ; il est bel et bien un chômeur pour une « longue durée », c'est-à-dire pour toujours ; il est clair qu'il n'y a pas grand-chose d'autre qui compte ; que les travailleurs qui partent pressés au boulot à huit heures et rentrent crevés à la maison à huit heures aussi, ne sont plus de son espèce, un chômeur.

D'ailleurs est-ce une espèce, chômeur ? Ce n'est pas un métier, ni une classe sociale, ni un mode de vie. C'est rien ; chômeur, c'est rien. Rien. *Nada*.

On se fait oublier, on s'oublie soi-même, on devient transparent, on disparaît un peu aux yeux des autres, les regards glissent, on évite les regards ; on parle moins ; d'ailleurs on pense moins, ou plus du tout... On ne sait plus très bien ce qu'on aime, ce qu'on n'aime pas, on a un peu oublié tout ça. Comme les autres ont l'air pressé, actif, convaincu, acharné ! On ne comprend plus cet acharnement à vivre. Ça fait tout drôle, étrange. Étranger. On s'absente. Parfois complètement. *Nada !*

Et pourtant, là non plus, pas de violence, pas de catastrophe spectaculaire, rien qu'un glissement incessant, insensible de la maison à la rue, de la rue à la route, de la route aux dunes, des dunes à la plage, de la plage à la mer, de la mer...

Le *divorce* est enfin prononcé ! Ouf ! Ça a été long : procédure, compromis, conciliation, honoraires, frais de justice, partage des biens ; aigreur, oubli du temps de l'amour dans le combat rageur ou la lassitude excédée. Enfin, ça y est ! Libre ! Bientôt les vacances...

Avec qui ? Avec les enfants ? « Ah non, pas à cette date ! » Alors sans les enfants, dans un club, pour faire de nouveaux amis parce que les anciens on les « voit » moins. Peut-être « voient-ils » ma femme ou ni l'un ni l'autre. Ça ne passionne pas le divorce des autres...

Tiens ! au club, que des divorcés ou presque... Pas des amis, quelques partenaires le temps d'un tennis, d'une pétanque. On se reverra !... On ne se revoit pas...

On s'organise dans le petit studio acheté avec la moitié du prix de la vente de la maison, moins le crédit, moins les frais de divorce, moins l'indemnité compensatoire, moins la pension alimentaire, moins...

Il y a beaucoup de studios dans l'immeuble. Beaucoup de personnes seules : célibataires ? veufs ? divorcés ? séparés ? Un peu de tout je pense... D'ailleurs on ne sait jamais trop. On ne va tout de même pas demander à son voisin si... D'ailleurs on ne lui parle pas : bonjour, bonsoir, c'est mieux. Il pourrait devenir envahissant ! Ce n'est pas la peine d'avoir enfin retrouvé son individualité, si c'est pour se laisser envahir par tous ces voisins dans leur studio-kitchenette et leur air triste et sournois.

Heureusement il y a le ciné et la télé et le jogging le dimanche matin. C'est fou ce qu'il y a comme joggeurs et joggeuses ; mais pas ensemble... Ils ou elles sont célibataires ? divorcés ? séparés ? C'est pas mon affaire ! Allez, je cours !... Après, une bonne douche, le plateau-télé, la télé. Tiens il faudrait que j'achète un chat pour les restes et pour la compagnie...

Tout cela est bien simple et sans éclat. On devient Robinson en plein Paris et Vendredi se fait attendre. On apprend à parler seul ou avec sa télé. On parle comme la télé ; avec Poivre, comme Pivot. On s'occupe de Sarajevo, des présidentielles, des affaires, on compte les jours avant les vacances. Les enfants viendront s'ils ne sont pas en colo ou en voyage avec leur mère. Ils n'aiment pas venir dans le studio-kitchenette. Ils ne savent pas trop quoi me dire. Moi non plus d'ailleurs. On parle un peu du foot, de la télé, pas des présidentielles, ils sont trop petits, ils s'en foutent. Moi aussi, à vrai dire.

Tiens, le minitel : si j'essayais, histoire d'essayer, pour voir, pour m'amuser un coup. A moins que je n'appelle ma mère... Mais je ne sais pas trop que lui dire. Allez, on verra demain.

Je prends *mon* somnifère, je lave *mes* dents, j'enlève *mes* vêtements, je mets *mon* pyjama, j'ouvre *mes* draps, je couche dans *mon* lit et ne trouve pas *mon* sommeil. « On ne dort bien qu'avec celui qu'on aime. » J'ai entendu ça quelque part. Peut-être au fond que je ne m'aime pas. Pas étonnant. Personne ne m'aime. Je suis seul avec moi. A quoi, à qui penserais-je, moi à qui personne ne pense ? Et des soucis je n'en ai plus, rien qui me « prenne la tête ». Je suis « tout seul, mais pénard », comme chante Léo Ferré.

Pas de femme sur le dos, pas d'ami envahissant, pas de famille à histoire, des collègues de travail très très discrets, des patrons infiniment respectueux de ma vie privée (peut-être qu'ils s'en foutent ! oui c'est ça, ils s'en foutent !...). De qui je me plaindrais ? A qui je me plaindrais d'ailleurs ! Si quelque chose m'arrive, je n'aurai pas à me plaindre, je n'aurai qu'à m'en prendre à moi-même.

Et voilà un coup dur qui arrive justement, plus de travail... dehors... plus de quoi payer les charges du studio, les vacances. Je m'en prends à moi-même. Je me reproche, je plonge dans les réflexions, *mes* réflexions, réflexions sur *moi-même*. Qui suis-je ? Pas grand-chose. Presque rien au fond. Rien. *Nada*. En finir ce serait presque rien. Rien. Finissons-en...

Pas de chagrin déterminant ; au contraire un soulagement de départ, celui de « l'indivi-dualité » retrouvée. La femme, les gosses sont partis. Je suis tout ça ensemble, Robinson découvre son île, ses charmes, ses richesses avant de rencontrer ses limites, son ennui, son morne face à face avec lui-même, sa dissolution dans l'étang de Narcisse.

Ce développement concret à forme plus narrative qu'explicite tente de montrer que l'exclusion, antichambre du possible suicide, n'est pas, sauf exception, une situation claire brusquement installée comme un tremblement de terre ou une maladie foudroyante, mais un *processus torpide*, caché, longtemps anodin. La mort ne vient pas dans l'âme par la grande porte ; elle s'insinue quand les fenêtres se ferment une à une sur le grand remuement du monde, sur les signes de vie, d'amour et de pensée, sur les mille murmures de l'humanité proches et moins proches, présents et passés et même futurs.

Quand l'air se raréfie, que la « logosphère » et la « noosphère », le grand jacassin, la belle jacquetance des voisins se réduit à un brouhaha inaudible ou à un presque rien, puis à un rien qu'on n'écoute plus.

L'exclusion n'est pas un malheur, un cataclysme relevant de *l'humanitaire*, mais un lent processus dont l'arrêt relèverait de la pure *humanité*, c'est-à-dire d'un respect précoce, immédiat, des nécessités psychiques vitales pour toute personne humaine au même titre que les besoins alimentaires ou même respiratoires. Les famines de l'esprit, les soifs du cœur, l'asphyxie de l'âme, ce n'est pas au stade de coma dépassé qu'il faut s'en préoccuper. L'homme, on l'a dit depuis longtemps, ne se nourrit pas seulement de pain mais tout autant de signe dont il fait signification et sens et dont il tire son existence aussi continûment et nécessairement que des hydrates de carbone et de l'oxygène il fait sa vie.

Aussi la prévention de l'exclusion ne relève pas à mes yeux du recyclage tardif des âmes en peine, des esprits en friches, des corps en déréliction. Oserais-je le dire, alors que ces actions tardives sont nécessaires, méritoires et difficiles, le temps est déjà passé quand on galère en tribu, quand on tournicotte dans son « appart » de personne seule, ou qu'on éteint son regard et son âme dans les studios ou des foyers pour personnes âgées.

On peut certes à ce stade renouer des « contacts », remettre en place des « activités », ouvrir des « centres d'animation », créer des « associations ». Il faut le faire, on ne le fait pas assez, comme le souligne le rapport du Conseil économique et social de 1993.

Mais on espère, on doit espérer que bien avant ces *contacts*, des *liens* ont été créés et maintenus vivants par les voies du langage et de la civilité ordinaire, de la culture savante ou populaire, de la citoyenneté de la nation ou du quartier ; que bien avant ces *activités*, l'*action* était créée et se maintenait par le désir, le fantasme et l'élaboration, la vie de l'âme ; que les vrais *centres culturels* soient l'intériorité même de chaque sujet, son *centre pensant, désirant et parlant* ; que les associations et les différents « centres » ne fassent que suppléer, un peu tristement, lorsque manquent les réseaux de l'amitié, de la famille, du voisinage ; aussi ces mafias de l'esprit qui unit les « fanatiques », les amateurs d'une œuvre, d'un de ces « livres de passe » où des inconnus se retrouvent avec ravissement par des chemins très différents et très singuliers ; que les animations ne soient pas des réanimations, mais la manifestation à l'extérieur d'une vie intérieure animée et singulière.

Quelle ambition, quelle utopie ? Cela se peut. Mais il y a dans les propositions de cet ouvrage une cohérence. On meurt de suicide ai-je dit, comme on meurt de faim ou d'asphyxie, parce qu'on a refusé l'air ou le pain, ou qu'on vous l'a refusé, ou qu'il manque là où on se trouve.

Le suicide en cela est une mort naturelle, naturelle de la nature de l'homme qui ne vit pas seulement de pain mais de signes, de symboles, de paroles, de représentations, de sentiments.

Quand la faim menace on approvisionne, quand l'épidémie guette on vaccine, quand l'air est pollué on interdit certaines usines.

Quand *l'esprit se raréfie*, quand l'air du temps est saturé d'images, quand les signes ne représentent plus qu'eux-mêmes, quand l'individualisme se mord la queue, quand les gens s'enivrent jusqu'à la nausée en tournant interminablement autour d'eux-mêmes, que fait-on ? Qui ouvre les fenêtres ? Qui casse le carreau ? Qui crée le courant d'air ? Qui met la grande échelle : celle des pompiers ou celle de Jacob.

Certes des poètes inspirés, des écrivains importateurs d'air frais du large ou d'air chaud et épicé des îles, des musiciens producteurs de volutes ascensionnelles, des prophètes souffleurs de vent et de trompette, sont là tout autant et sans doute plus qu'avant. Mais on ne les laisse pas approcher. Chacun dans sa bulle protège sa bulle ; les circuits de production et de distribution de l'essentiel vital pour l'âme sont parasités, encombrés par les mille produits de cette industrie du vide qui se trouvent aussi être la plus polluante.

Que fait l'État ? Que font ceux que leur formation, leur vie personnelle, leur position rendraient capables d'une intervention verbale, d'une protestation, d'une plainte, d'une profération ? A vrai dire, ils ne croient plus à l'efficace de leur parole tant ils l'ont vue humiliée au profit des imageries distrayantes et du tohu-bohu divaguant. Et l'État reste « en l'état ».

Il faudrait pourtant, il serait urgent que dans ce domaine l'*État existât* ! Que dirait-on si d'aventure dans ce pays le vin ou le sel venaient à se faire rares ? Débat à la Chambre, motion de censure, déclaration, mobilisation, intervention !

Il est vrai que la fraternité, la paternité, la convivialité, l'intelligence de l'âme, la générosité ne se décrètent pas ! Mais elles s'inspirent ! elles se transmettent ! Plus encore que la bêtise et la niaiserie, l'intelligence, l'esprit, l'affectivité, la connivence sont contagieuses. Encore faut-il que les fabricants de vide et les voleurs d'âme à leurs profits gros et gras ne viennent pas créer autour de ces épicentres de l'esprit, de ces contagions de l'âme, un cordon sanitaire équipé de machine à décerveler, à aplatir les perspectives, à faire taire les paroles, à produire en masse de l'immédiat visuel et sonore.

Le pouvoir des pouvoirs publics, l'inspiration des inspirés, les prises de responsabilités des responsables, ne représentent que la partie apparente de ce que serait la prévention que j'appelle de mes vœux : celle qui se produirait « par l'intérieur ».

Je crois que l'essentiel de la prévention interne du suicide, de la subversion intérieure contre les exclusions, les toxicomanies, l'urbanisation dissolvante, se situerait dans une série continuelle d'attentats à la pudeur : pudeur du cœur, de l'affect, de la pensée, du style, du regard et pourquoi pas du corps même ; dans une générosité peu précautionneuse qui ne passerait pas, pour une fois, par le portefeuille déjà tellement sollicité par les *humanitaires*, mais par ce qu'il y a en dessous, par le cœur, généralement si peu sollicité par l'*humanité*.

Je crois que les pressions exercées par mailing, presse, radio, télé, pour solliciter des dons d'argent, utilisent sans le savoir cette ouverture du cœur contrariée par l'air du temps en lui substituant une ouverture du portefeuille moins angoissante pour l'esprit et moins attentatoire à la pudeur.

La liquidité généreuse du cœur et la chaleur communicative de l'âme sont vite assimilées à de la niaiserie ou à un sentimentalisme innocent. C'est ici le lieu de rappeler les vers d'Aragon sur les suicidés :

> J'en ai tant vu qui s'en allèrent
> Ils ne demandaient que du feu
> Ils se contentaient de si peu
> Ils avaient si peu de colère...

Prévenir l'exclusion et cette exclusion générale qu'est le suicide par du feu, des mots, de la poésie ? Oui.

> C'est un rêve modeste et fou
> Il aurait mieux valu le taire
> Vous me mettrez en terre
> Comme une étoile au fond d'un trou.
>
> (Aragon encore...)

Vous croirez davantage en cette « Poésie pour Intervenir » (Michaux) si je m'explique en praticien et en analyste. J'évoque ici la Poésie au sens large et fort du terme, la *poïesis*, la force créative née de l'intrication : de l'affect, de la représentation, des signes de vie (le souffle, l'élan, le battement du cœur, le tremblement perceptible dans un texte).

Il s'agit là de pleines paroles, de vraies proférations. Notre vieille ennemie « la communication » a trié tout cela, a clivé la parole en secteurs : l'affectif et le joli pour les innocents ; le représentatif et l'opératoire pour les gens sérieux ; l'émotion de l'énonciateur étant rejetée et renvoyée aux aléas de la pathologie psychosomatique où faute de se dire le cœur bat la chamade et où faute d'esprit le souffle vient à manquer.

A force de clivage, de platitude, de cloisons, de sécurité, de filtration et de traitement de l'information, la relation interpersonnelle a gagné en clarté informationnelle, mais a perdu en puissance d'évocation, d'intrusion, d'animation, d'éveil de la grande alchimie élaborative et réparatrice sur laquelle je me suis tellement étendu dans cet ouvrage.

Cela paraît trop abstrait ? Alors quelques exemples. Le *jeune* qui glisse vers la zone ou la galère a moins besoin de tests psychologiques, de conseils pratiques, d'animation ou de réanimation socioculturelle, que d'un bon coup de gueule aimant et bien inspiré de son père, d'une bourrade de son voisin de palier, d'une question indiscrète de son prof de maths, d'une réflexion incongrue et marrante de son médecin ou de son policier îlotier ; du sourire complice ou enjoleur de la caissière du grand magasin ; d'un « Rimbaud » en collection de poche qui mystérieusement viendrait remplacer une BD dans le tas qui s'amoncelle sur le plancher de la chambre.

Le *vieux*, le voilà qui se creuse la tête parce qu'on vient de lui demander comment on se débrouillait dans le quartier avant l'installation du tout-à-l'égout et que quelqu'un d'autre voudrait savoir si Paul Delmet chantait vraiment comme Léo Ferré. Le voilà qui met en route sa machine à remonter le temps, un peu rouillée mais encore vaillante, et les souvenirs affluent et les mots et les vues imprenables sur le passé et donc sur le futur... On fait bien cet effort pour faire plaisir à ce jeune homme curieux, à cette fille sentimentale. On déballe, on ouvre le paquet déjà ficelé, on s'emballe sur les chevaux du passé, dans l'exploration de l'avenir.

Chez le *chômeur* ça n'arrête pas de sonner. Sous prétexte qu'il n'a rien à faire, on lui demande de préparer le méchoui de quartier : chercher le mouton, creuser, faire le feu, surveiller, découper, arroser, partager, déguster, boire, rire, chanter. Et demain il doit partir tôt, rendre service à sa belle-sœur qui refait ses papiers peints. Comme on était tranquille quand on travaillait... Comme on s'ennuyait parfois aussi. On ne connaissait pas de méchoui, rien que la cafette d'entreprise et le *fast-food* du dimanche.

Le *divorcé* va vendre son studio. Un type, assez culotté, lui a demandé de venir cohabiter avec deux autres voisins pour mettre en commun la kitchenette, les appareils, et les transformer ainsi en vraie cuisine et grand appart. Il a d'abord dit non, chacun chez soi ! Mais, au cours d'une soirée avec ses voisins-amis, ils ont tellement rigolé qu'il a dit oui, pour essayer, pour voir. Il a vu... L'immeuble leur envie cet appartement où il se passe toujours quelque chose comme aux Galeries Lafayette. Et puis la cousine du copain, qui vient de plus en plus souvent, est bien sympathique et bigrement jolie, alors...

Les maladies infectieuses ont connu un recul spectaculaire après ce qu'on appelle la révolution *pasteurienne*, c'est-à-dire la découverte, entre autres, par Pasteur, des mérites préventifs de l'asepsie, de la propreté, de l'hygiène, de la stérilisation des objets. On pourrait se demander si l'hygiène mentale et les risques d'exclusion ou de suicide ne se trouveraient pas profondément modifiés par une autre révolution : celle qui dirait stop à la *pasteurisation* des idées et des sentiments, à la stérilisation des âmes, à la « propreté » et à la clarté communicationnelles et qui ferait leur juste place au trouble, au chaud, au lourd, au douteux, au parasitaire, au mystérieux, au louche, à l'énigmatique, au poétique, à l'allusif pour qu'ils se mélangent à la clarté lumineuse des relations clean et aux transparences de la vie sans âme, les faisant rosir de plaisir, les troublant de fond en comble, les fécondant, les humanisant.

PRISE EN CHARGE
ET ACCOMPAGNEMENT

On appellera, suivant le mode traditionnel, les suicidants : ceux qui ont fait une tentative de suicide ; les suicidaires : les personnes en risques de suicide ; les suicidés : ceux qui sont morts par suicide.

POUR LES SUICIDAIRES : UNE PRÉSENCE CONCRÈTE ET INTRUSIVE

Une personne suicidaire se désigne rarement comme telle avec clarté. Le plus souvent elle se manifeste par des propos elliptiques ou par des comportements insolites dont nous avons explicité, dans le chapitre sur les préventions immédiates, comment on pouvait tenter de les reconnaître pour leur donner signification, d'alarme ou d'urgence. Je n'y reviendrai donc pas. Je préciserai ici l'attitude possible du soignant ou de l'entourage devant une personne en risque de se suicider.

Il faut d'abord être là. Bien sûr être *présent* sur les lieux où se trouve le sujet suicidaire, mais présent aussi dans « son monde », dans son « univers intérieur », bien souvent refroidi, rétréci dans l'espace, étriqué dans le temps. Il faut savoir se glisser sans brusquerie mais sans hésitation dans ce « lieu » exigu et si peu confortable où habite encore celui qui a la mort dans l'âme, et dans l'esprit l'idée de nous quitter. Il faut avoir le courage de se mettre dans le cercle désenchanté, dans ce rond de lumière glauque et froide et de voisiner avec le candidat au départ dans cette étrange et étroite salle d'attente. Cela semble peu et c'est pourtant essentiel. Ce monde étroit et glacial, le suicidaire ne pense pas pouvoir le partager avec qui que ce soit d'autre. C'est pour lui une première découverte, parfois étonnante, souvent soulageante, que quelqu'un peut s'y tenir près de lui.

Cette présence est faite d'une *disponibilité* qui déborde largement la classique attitude d'écoute dont on a tellement fait l'éloge. On n'écoute pas un suicidaire comme un plaignant dans un commissariat, ni même comme un malade dans une consultation médicale classique. Le suicide est un échec de la parole ; il y a donc nécessité dans la rencontre de percevoir l'en deçà de la parole : la mimique, les gestes, le regard, le ton et ses harmoniques, la musique de la voix.

Il y a lieu aussi de répondre sur le même registre ; ce qui implique qu'on ait rassemblé, recueilli, la globalité de son être : l'intelligence et la pensée certes, mais aussi l'affect, l'émotion, l'éprouvé et le langage du corps. On écoute, on parle avec son âme ; le langage ici ne peut être seulement opératoire et communicationnel, mais bien affectif, émotionnel, interprétatif, performatif.

De là où vous entendrez le suicidaire, de là il vous parlera. Si vous l'entendez sur l'anecdote ou les détails des gestes, il vous répondra sur ce registre : celui de l'extérieur, de l'apparence. Si cette attention et votre disponibilité s'étendent sur toute la gamme de l'éprouvé et de la vie relationnelle, y compris dans ses dimensions inconscientes ou « physiques », il vous livrera non seulement ce qu'il pense, ce qu'il a fait, mais ce qu'il vit.

Cela ne veut pas dire qu'on élude le *concret* de la démarche suicidaire, au contraire : c'est « mettre dans le mille » que d'écouter à « partir » de cette présence et de cette disponibilité qui seule permet de percevoir et d'explorer l'arrière-pays de la désespérance et les forces obscures du mal suicidaire.

Volontairement je ne distingue pas ici l'approche par le soignant professionnel, par l'entourage ou pourquoi pas par un inconnu. Dans cet échange au bord du gouffre, l'heure n'est pas aux habiletés techniques ou aux pirouettes interprétatives.

Et pourtant cette rencontre n'est rien moins que passive, aimable ou bienveillante. Le suicidaire ne vous ouvre pas la porte que vous n'y frappiez. Il faut souvent, comprenez cette comparaison, *pénétrer chez lui*, faire du feu, chauffer du café, poser des fleurs, ranger, mettre un peu de musique, explorer les recoins inquiétants de la maison, et mettre en lumière ce qui ne demande qu'à vivre et à faire vivre. Il vous faut aussi suppléer à la panne décisionnelle qui frappe le plus souvent les suicidaires (sauf en direction de l'acte fatal...) et ne pas craindre une manière intrusive, intensive et compréhensive, par respect (respecter c'est comprendre et prendre en considération une situation) ; faire des propositions précises d'aide, de secours et presque toujours de soins.

POUR LES SUICIDANTS :
À PARTIR DU CORPS, LE CHEMIN DU LANGAGE

Voici en effet quelqu'un qui a tenté de se donner la mort par une arme à feu, du poison, la noyade, la précipitation de plusieurs étages ou sous une voiture. *Pour ce suicidant* je ne distinguerai pas non plus la relation du soignant de celui de l'entourage proche ou lointain. Non qu'il n'y ait pas de différence, mais il me semble que les perspectives qui doivent diriger les uns et les autres ont bien des points communs, au-delà des spécificités techniques ou professionnelles.

Comme il en est du suicidaire, il faut *être* auprès du suicidant dans le même mode de présence. Présence à soi-même d'abord. J'ai dit plus haut l'importance du recueillement, de l'occupation de l'ensemble de son espace intérieur, le retour et le recours à son âme, en présence des grandes souffrances sur le modèle souvent et anciennement repéré auprès des grandes figures spirituelles.

Cette présence au suicidant est d'une certaine manière le corollaire et l'effet de la présence à soi-même. Rien ne rapproche plus de l'autre que de « s'habiter », rien ne rend plus hospitalier que de prendre soin de sa propre maison. Cette attitude personnelle permet de prendre en compte la situation de suicidant dans sa réalité immédiate et vécue.

Il a commis cet acte contre son *corps*. Cela le résume peut-être pour cet instant. Il convient donc de le rencontrer dans cet acte, dans ce corps. Il y a eu certes des idées, des représentations, une histoire qui ont conduit à cet acte. Mais le moment est bien de considérer cet acte, ce corps, non dans les détails de l'*exécution* mais dans l'*intention*, le mouvement violent du *geste*. Quand on accomplit une telle action, rien n'est plus douloureux ou désorientant que de la voir traitée par le mépris, la méconnaissance, l'ignorance. Le temps viendra de connaître sa signification et son sens, mais l'heure est de reconnaître sa réalité avant même de l'interpréter ou de porter une appréciation.

L'acte a porté sur le corps. Il faut bien considérer que la phénoménologie du suicide est celle-là. Un acte, non contre l'existence, l'esprit, la pensée, mais contre un corps que l'on ne veut plus, que l'on déteste, dont on se libère. Il faudra certes prodiguer des soins physiques, évaluer le danger des blessures ou de l'intoxication ; mais surtout il faudrait ne pas mésestimer le geste sous prétexte que l'atteinte physique n'aurait pas été trop grave.

Ce corps rejeté, haï, agressé, il convient, par des gestes souvent simples, parfois de la plus haute technicité médicale ou chirurgicale, de le restaurer dans son intégrité, non seulement vis-à-vis de l'anatomie ou de la physiologie, mais dans l'éprouvé de celui qui l'avait condamné à mort ou au supplice. Le suicidant est en froid, en révolte contre son corps. Il convient qu'il refasse amitié avec lui par les soins éclairés dont il fera l'objet dans un service hospitalier mais aussi dans les « gâteries », les attentions, le repos dans le cadre amical ou familial. Ces soins, ces attentions sont autant de médiations par le truchement du soignant ou de l'entourage vers une réappropriation par le sujet de son corps, vers une réintégration « somato-psychique ». On ne parlerait pas de « présence » au sens vrai si la rencontre avec le suicidant se résumait ou se restreignait à un bilan des soucis, une recherche de solution et encore moins un débat pseudo-philosophique sur les défauts ou les mérites de la vie humaine. L'acte suicidaire est au ras de la vie, de l'éprouvé, du physique. C'est là qu'il doit être reçu, reconnu avant tout.

Il viendra assez vite pourtant le temps où on *parlera* avec le médecin, les proches, et aussi, avec, il faut le souligner et le fait est d'importance, les infirmières, le personnel du service, les visiteurs, les voisins de chambre.

Comment parlera-t-on ? Si possible le plus simplement du monde et dans la continuité de ce que nous avons dit sur la présence, la reconnaissance de l'acte, la prise en considération du corps. Le suicidant n'est pas un voyageur rentrant d'un périple dangereux et passionnant avec beaucoup d'histoires à raconter. C'est le plus souvent un sujet meurtri, muet, sidéré, qui ne retrouve plus grand-chose dans sa maison dévastée. Alors il faut admettre que respecter un désastre c'est comprendre et intervenir et non « s'incliner bien bas » (Aragon). Quand dans la maison une explosion a eu lieu, le temps n'est pas de saluer les ruines mais de mettre de l'ordre, de chercher ce qui vit encore, ce qui est utile surtout si les habitants sont trop « sonnés » pour le faire.

Il y a là un « devoir d'intrusion » qui peut s'exercer, sans dommage ni brutalité, si elle émane d'une présence recueillie, animée du plus profond, respectueuse de l'acte et prévenante du corps. Il est possible, souvent, dès ce moment, avec tact et délicatesse, de passer un doigt prudent sur ce qui vit encore, sur ce qui veut vivre malgré tout, malgré cette conduite de mort qui cachait parfois une protestation, une revendication à vivre plus, autrement. C'est cette ambivalence, si souvent rencontrée dans les conduites suicidaires qui justifient à mon sens, et de l'avis de la plupart des « suicidologues », les interventions curatrices sur ces comportements et ces attitudes. La clarté apparente d'un acte de mort ne doit pas faire méconnaître ce que nous avons tenté d'expliciter sur les arrière-plans inconscients et méconnus : les désintrications pulsionnelles, les pannes d'élaboration, les ambivalences narcissiques ou libidinales, les confusions projectives.

Les formes de soins qu'on peut qualifier de *psychothérapique* ou *psychiatrique* au sens large auront lieu précocement. Je souhaite que le développement de cet ouvrage ait pu convaincre que les conduites de mort, même d'apparence lucide et délibérée, cachent le plus souvent d'obscurs mécanismes d'inhibition, d'agressivité, de violence, de dépendance ambivalente, de projections, de clivages, de confusions, de dissolution de l'esprit.

Il est difficile d'écrire en quelques phrases « l'arsenal thérapeutique » à la disposition du médecin, pour pallier, corriger, réorienter ces perturbations de l'esprit, de l'âme, d'autant plus méconnues qu'elles sont plus profondes. On peut les regrouper en quatre grands groupes de procédés.

On s'étonnera, s'indignera peut-être, que je cite ici en premier les *procédés médicamenteux* tant la démarche suicidaire peut paraître, dans son extrémisme, inaccessible à ce que l'on appelle parfois, avec une condescendance cruelle et très ignorante, les « pilules de bonheur ». Les médicaments de l'esprit, par la remise en état du fonctionnement cérébral, ne sont en rien des euphorisants ou des liqueurs d'oubli. Au contraire, par l'action qu'ils exercent sur les circuits neuronaux, ils rétablissent, facilitent, restaurent les capacités élaboratives dont le plus souvent le suicide représente l'échec. Un suicide mélancolique, dont les tenants et les aboutissants semblent d'une profondeur philosophique abyssale, se trouve évité par le rétablissement médicamenteux de l'humeur, des capacités cognitives et élaboratives, chez celui-là qui avait semblé bâtir une solide construction pseudo-philosophique sur des thèmes de ruine, d'incurabilité, de culpabilité et de fin du monde. L'explosion suicidaire chez un schizophrène ne supportant plus d'être morcelé, dissocié, se trouve écartée par une prescription de médicaments neuroleptiques, enveloppe pour la personnalité, protection contre les influences persécutives externes et internes, liant pour un esprit qui s'effritait.

C'est en second que je cite, mais c'est simultanément que doit intervenir, l'approche *psychothérapique* qui tendra à restaurer dans un face à face stimulant et réparateur, l'image, brisée par les contradictions ou les dissolutions, que le sujet avait de lui-même.

C'est dans une démarche psychothérapique parfois plus ambitieuse, d'inspiration psychanalytique par exemple, c'est-à-dire tenant compte de l'inconscient, utilisant et analysant le transfert, c'est-à-dire le rapport au médecin, que le sujet qui a voulu mourir découvre qu'il voulait aussi vivre, dans une revendication secrète, méconnue de lui-même par le jeu du refoulement et de la censure.

La troisième approche thérapeutique est de celle qu'on nomme *socio-thérapique* ou *institutionnelle*. Un service hospitalier orienté vers les soins aux dépressifs ou aux suicidaires-suicidants se veut un lieu de protection, « d'enveloppe » (de *setting*), de « soutien » (de *holding*), de « main tendue » *(handling)* (Winnicott). Ces services hospitaliers sont le plus souvent prolongés par des dispositifs externes : clubs thérapeutiques, hôpitaux de jour, associations pour personnes en difficultés (SOS Phœnix, SOS Amitié, Lueur d'Espoir, etc.).

Enfin, le *soin au suicidant* au sens large du terme est l'affaire de tous : de l'entourage familial, du voisinage, de l'environnement professionnel, de la Cité et de l'ensemble de la Nation. Ce n'est pas seulement en termes de prévention mais aussi de réinsertion, de restauration, qu'il faut comprendre le rétablissement ou le maintien du tissu social, essentiellement par les voies de la convivialité, de la civilité, de la citoyenneté, de la culture.

Ce sont des grands mots pour désigner des choses bien familières : la prise en compte dans une famille de la place d'un de ses membres, celui qui a été saisi par le mal suicidaire, passe peut-être par le partage d'une peine, par un mot de connivence, par un geste de solidarité ; l'accueil dans un quartier d'un jeune qui « sort de réa » prenant la forme d'une invitation à une réunion amicale, d'une sortie, d'un simple signe, un de ces signes qui sont les vrais signaux du cœur et de l'âme.

Il faudra bien examiner de près, un jour très proche, la place qu'une nation veut faire à ceux qui ont voulu mourir : en aidant et en donnant des moyens aux services hospitaliers spécialisés, mais aussi aux associations qui viennent en aide aux personnes en mal de suicide. Le récent rapport du Conseil économique et social précise qu'il faudrait au moins à ces associations « un numéro d'appel gratuit, une reconnaissance par les pouvoirs publics, un accroissement de leur notoriété ».

La multiplicité de ces approches thérapeutiques implique la nécessité d'un *coordinateur*, de quelqu'un qui oriente, conseille, dose, organise cette aide, ces soins aux suicidants. Mon opinion à ce sujet est claire : c'est le rôle du médecin de famille. Cela m'amène à souhaiter que soit renforcée et restaurée la place spécifique de cet acteur essentiel de la santé publique.

Enfin, pour *ceux qui sont morts*, il serait vain et illusoire de dire qu'« on ne peut plus rien ». Ils nous laissent un désir, peut-être un appel : prendre soin, secourir, éclairer *ceux qu'ils ont laissés* dans le deuil, le chagrin, la peine, l'incompréhension, parfois le vertige suicidaire par contagion et identification projective.

Le deuil est un travail, comme l'a bien souligné Freud ; il demande du temps, de l'énergie, mais aussi un éclairage, un étayage des positions élaboratives, de l'information, de l'aide. Le suicide n'est pas le fait d'un seul. Il est souvent accompli comme un acte vers l'autre quand la parole a manqué. Le deuil ne se produira, avec son soulagement de la douleur, son effet de dévoilement, ses fruits pour l'existence, que si dans cet acte, ceux-là qui sont restés pourront lire, au moins en partie, quelques paroles ; l'expression de quelque intention, désir, révolte, traduisible dans l'humain langage, transmissible, partageable, intériorisable. L'accueil en consultation, les psychothérapies de groupes, les associations d'entraide (Jonathan), ont une utilité considérable.

Puisse cet ouvrage qui a tenté de lire avec respect, mais avec insistance et approfondissement, les arrière-plans du mal suicidaire y contribuer aussi.

LES DEVOIRS D'UNE CIVILISATION ENVERS LES ÂMES EN PEINE

Le mal suicidaire est une spécificité humaine. Cela s'explique : seul l'homme est capable de se représenter *le passé, le futur* et en particulier *sa mort*. D'autre part sa « prématurité biologique » l'a engagé sur deux voies, souvent contradictoires : celle de l'amour de soi dans la contemplation d'une *image* ; celle de l'amour de l'autre sur le modèle de l'élan vers un *objet*. Enfin, une culpabilité inconsciente mais essentielle entrave son désir et peut le conduire sur les chemins d'une ambivalence paralysante.

Ainsi se trouve-t-il tiraillé entre le poids du passé et les aspirations inconnues de l'avenir ; captivé par une contemplation anticipatrice de lui-même (narcissique) l'éloignant de ses sources énergétiques et verbales (la pulsion, le désir) ; bloqué entre l'envie et la crainte du bonheur.

Cet *écartèlement* entre passé et futur, entre pulsion et imagerie, entre joie et angoisse, entre être et paraître ; ce « grand écart » selon la formule de Jean Cocteau est assoupli, animé, habité, traversé, relativisé, mis en perspective, grâce à une activité psychique, spécifique elle aussi à l'espèce humaine : l'*élaboration*, le travail psychique, la vie de l'âme dans le cheminement d'une parole singulière à chaque sujet.

Ainsi l'homme « malade » du temps et de la mort, « aliéné » par la représentation imaginaire de lui-même, paralysé de culpabilité, « se guérirait » continûment par l'usage d'une parole qui lui est propre. Par elle le poids du passé, les vertiges du futur, les perspectives de la mort même, peuvent s'assumer en *histoire* et les barrages de la « faute » être traversés par l'aveu et le *pardon*.

Il en résulte que l'homme, être de parole et de désir, a deux ennemis mortels : le silence et la projection de sa propre image figée et magnifiée. Les civilisations, les cultures, les grandes religions monothéistes ont désigné ces fascinations silencieuses et paralysantes sous le terme d'idolâtrie. Elles en ont souligné le danger pour la vie de l'esprit de chaque sujet et pour la cohésion des peuples.

L'actualité du suicide dans son grand nombre, mise en évidence par l'épidémiologie moderne, dans sa plus grande fréquence, en particulier chez les jeunes et les personnes âgées, nous ont amenés à soulever la question d'une défaillance personnelle ou collective des capacités de verbalisation et d'élaboration. Nous avons souligné comment l'« humiliation de la parole », l'impérialisme de l'image et du sonore dans la civilisation présente, pouvaient avoir signification de régression idolâtrique.

Nous avons été amenés ainsi à considérer le suicide non comme un acte ou une catastrophe ponctuelle, mais comme un *processus de dévitalisation* de la psyché, de *l'âme*, avons-nous préféré de dire, pour bénéficier de l'héritage des siècles passés. De même la nature humaine nous est moins apparue comme un état donné et fixe mais plutôt comme une *démarche* susceptible de développement, de régression, d'éclipse, de résurgence. Le travail, la mise en œuvre du propos humain au fil du temps et sur la surface de la planète, peut ainsi être conçu en terme d'*humanisation* pour souligner son caractère actif, progressif, volontaire et désirant.

Les fruits de ce travail d'humanisation en tout temps, en tout lieu, sont : la *civilité* pour le quotidien, la *civilisa-*

tion pour le plus large, la *culture* pour le plus profond.

L'ensemble de mots, de phrases, de représentations, de sentiments et leur entrelacs ; les civilités, les civilisations, les cultures donc ; tout cela que les hommes échangent, créent entre eux *des liens et des lieux de paroles* aussi essentiels à la vie de l'âme que les circuits circulatoires, humoraux ou neuronaux à la vie du corps.

Les maladies du corps sont très souvent en rapport avec une rupture ou une stase dans la circulation de ces flux vitaux. Le mal suicidaire me paraît aussi presque toujours en rapport avec un empêchement, une entrave, à la circulation et à l'échange de la parole d'un sujet à un autre dans une société déterminée.

Il reviendrait donc à une culture qui serait véritablement l'âme de cette société de mettre à la disposition des sujets ainsi empêchés des outils de langage et de pensée, afin qu'ils s'en emparent, et qu'ils retrouvent avec eux leur capacité créatrice et réparatrice ; c'est seulement en pensant, en rêvant, en parlant, en échangeant, qu'ils parviendront, dans un vrai travail psychique d'élaboration, à prendre leur mal en peine, leur peine en chagrin, leur chagrin en espoir, et leur espoir en espérance.

TABLE

Préambule : chaque matin, à l'hôpital... 9

Des suicides en grand nombre : tous les ans 12 000 morts et 120 000 candidats à mourir 19

Les causes, les mécanismes, les repères pour comprendre 25

Ce que nous apprend la psychiatrie : tout trouble mental contient le risque suicidaire 29

Ce que ne nous apprend pas la psychologie : la logique logicienne en défaut 33

Les éclairages de la psychanalyse : culpabilité, mais aussi mal-être fondamental 35

La dissolution psychotique, le gâchis névrotique, les défaillances de l'âme, le jeu pervers avec la mort 47

Individualisme de vie, individualisme de mort 87

La société : lieu de l'élaboration par l'échange 101

Magie, spiritisme ou vie de l'esprit ? 127

La prévention dans ses différentes dimensions 133

Maintien des liens et mesures de prudence 135

Jeunes et personnes âgées : crise de la filiation ? 141

Trois axes essentiels : l'éducation, la vie sociale, les modèles culturels 147

La culture se cultive... 155

Quand l'âme défaille : urbanisme froid, drogues dures, exclusion douce 161

Prise en charge et accompagnement 177

Pour les suicidaires : une présence concrète et intrusive 179

Pour les suicidants : à partir du corps, le chemin du langage 183

Les devoirs d'une civilisation envers les âmes en peine 193

« Intelligence du corps »

Roberto Assagioli, *Le développement transpersonnel.*

Bertrand Besse-Saigre, *Le guerrier immobile ou la métamorphose de l'homme blessé.*

Rosie Bruston, *La psychothérapie Vittoz. Une démarche de libération.*

Marie-Madeleine Davy, *Un itinéraire. A la découverte de l'intériorité.*

Charlotte Herfray,
La vieillesse. Une interprétation psychanalytique.
La psychanalyse hors les murs.

Jacques Dropsy, *Le corps bien accordé. Un exercice invisible.*

Roland Kuhn, *Phénoménologie du masque. A travers le Test de Rorschach.*

Yolande Moyne-Larpin, *Musique au fil de l'âge. Les techniques psychomusicales en gérontologie.*

Yves Prigent,
L'expérience dépressive. La parole d'un psychiatre.
La souffrance suicidaire. Essai sur le mal insupportable.

Jean Reboul, *L'impossible enfant. Entre corps et parole.*

René Sebag-Lanoë, *Soigner le grand âge.*

Anita Violon, *La douleur rebelle.*

Dr Roger Vittoz, *Traitement des psychonévroses par la rééducation du contrôle cérébral.* Suivi de *Le Vittoz aujourd'hui.*

Bernard Wemague, *Rééduquer le bégaiement.*

Groupe Elidia

10, rue Mercœur - 75011 Paris
9, espace Méditerranée - 66000 Perpignan

www.elidia.fr

www.ingramcontent.com/pod-product-compliance
Lightning Source LLC
Chambersburg PA
CBHW071445230926
51846CB00001B/352
9782220035659